JN315232

二見文庫

# 禁断の告白

素人投稿編集部

# 目次

# 禁断の告白

# 思い違いをした母が、きわどい下着姿で息子に迫り——

岡部みゆき（仮名）主婦・四十一歳

私の思い込みからこんなことになるとはまったく思ってはいませんでした。それでもいまとなってはかえってそうなってよかったのではないかと前向きに考え、後悔はしていません。

それは下着がなくなってしまったことに端を発します。クローゼットの中の衣装ケースに収納したものを整理していて、そこにしまっていたはずのパンティが消えていることに気がついたのです。

まさか夫がそんなことするはずはないし、そうなると息子の智和《ともかず》しかいないということになります。

それでもわざわざ夫婦の寝室にあるウォークインクローゼットの中まで入ってきて盗んだりするだろうかとも思いました。なんでもよければ部屋の衣装ダンスにも下着はしまってあるのです。

それがちょっと気がかりでした。収納ケースに入れていたものは少しばかり派手なタイプの下着だったからです。

もうそんなものはしばらく使っていないので捨ててしまってもよかったのですが、わりに高価だったのと夫が突然そのような下着の着用を私に求めないとも限らないので、ずっと取っておいたのです。

それは赤い色で少し透けた、セックスアピールを強調するようなタイプのものでした。

智和がそんなものを持ち出してしまったと思うと、私は心配が込み上げてきました。

十七歳という難しい年ごろの少年にとって、母親というのはある意味で理想の女性像でなくてはならないと私は思っています。

そんな私が、男性に対して性的な欲求を煽《あお》るような下着を着用していたなどと知れたら、いったい智和は私のことをどう思うのだろうかと考えたのです。

きっと淫売のように蔑《さげす》むのではないだろうか。あるいはショックに打ちひしがれるのではないだろうかと私は心配しました。

しかし智和と顔を合わせてもべつに変わったところはありません。まったくいつものとおりなのです。炊事や茶碗洗いなど後片づけを手伝ってくれて、私にとってそれは優しい子なのです。

なにかと問題を抱える子供を持つ親が多い中で、私はほんとうに恵まれていると思っていました。やはり智和の通う中学でも、家庭内の不和とか会話がないとか、そんなことがよく問題になっていました。

私はもう下着のことなど見て見ぬふりをして夫にも言わず、自分の胸にだけしまっておこうと考えました。それに私が衣装ケースに仕舞っておいたと勘違いしているだけで、すでに処分してしまったのかもしれません。

しかし、それから一週間かそこらたったころ、今度は衣装ダンスの中の下着もなくなっていることに気がついたのです。

それは、次にはいたら処分しようと思っていた古いものでした。洗ってあるとはいえ、もう洗濯しても落ちない汚れがあったのです。

そんなものを盗むようになると、これはもう放ってはおけません。

智和は派手な下着や汚れた下着のような、ちょっと抽象的ですが女の性的な匂いのするものを好んでいるように感じられたのです。

私は仕方なく、夫がいないときを見計らって智和に詰め寄りました。

「智和が私の下着を勝手に持ち出したんでしょう？　クローゼットのも、衣装ダンスのも。怒らないから正直に言ってちょうだい」

そう言うと智和は一瞬うろたえた様子を見せました。しかしその後は知らないの一点張りです。

「そんなこと絶対にやってないよ」

「うそおっしゃい。智和しかいないんだから。正直に本当のことを言いなさい。女性の下着に興味を持っても、あなたくらいの年ごろだったらおかしいことじゃないんだから、本当のことを話しなさい」

「知らないったら、知らないんだよ！」

何度も何度も詰め寄ると智和は目に涙を浮かべていました。

恥ずかしくって盗んだなどとは告白できないのだ。きっとそんなものを見ながら興奮してオナニーに使ったのかもしれない。私は智和の涙に、そうとしか思えませんでした。

そのまま部屋に閉じこもってしまった智和を尻目に、いったいどうしたらいいのかと私は悩みました。

ほんの出来心ではなく私に対して性的な興味を持ってやったのだとしたら、そして下着をオナニーに使ったのだとしたら、夫にはとても相談することなんてできません。

しかし性的な要素があるにしろ、私への愛情も感じていたのは事実です。好きだからこそそういったことをするのだと思ったのです。

私はこのまま智和が部屋に閉じこもり、学校にも行かなくなってしまうのではないかと、その日の夜は眠ることもできませんでした。

それでも朝になると物音がして、智和は早々に学校へ行ったようでした。朝ごはんも食べずにですが、私と顔を合わせられなかったのだろうと思いました。

夕方になってそろそろ智和が帰ってくる時間になると、私のほうが落ち着きませんでした。

どう迎えたらいいのか、どんな顔をしたらいいのかと悩んでしまうのです。智和が私の下着の匂いをかぎ、硬くなった下腹部に下着を押し当てたりする光景が目に浮かんでしまうのです。

私は智和がいつでも夕食を食べられるように用意だけしておくと、部屋にこもっていることにしました。智和が私のことを呼ぶか、夫が帰ってくるまでは出ていかないでおこうと思ったのです。

智和もそんなことを敏感に感じ取ったのか、勝手に食事を部屋に持ち込み、食べ終わると自分の使った食器はちゃんと後片づけまでしてありました。やはりとても優しい、いい子なのです。

私はこのままいたずらに時間が過ぎてしまってはいけないと思いました。なんらかの形でこの気まずさを解消しないとダメだと考えたのです。

しばらくのあいだ思い悩みました。いったいどうすることが智和にとっていちばんよい解決法なのかと。私のことなんかどうだっていい、まず息子の智和だと思いました。

そのあいだにも顔を合わせることはもちろんありました。一つ屋根の下に暮らしているのですから、そうそう顔を合わせないというわけにもいきません。

しかし智和はそらぞらしく、私も意識してしまって言葉を交わすことはほとんどといっていいほどできませんでした。

それでも智和は、夫の前では私とのあいだを取りつくろってくれました。

私とのあいだにできてしまった溝など、夫には微塵《みじん》も感じさせはしませんでした。ほんとうに親思いの、すばらしい子なのです。

一カ月も過ぎたころ、私はある結論に達していました。それは智和の思いを遂げさせてやるのが最良の方法ではないのか、ということです。

智和が私に抱いている性的な興味や愛情を、しっかりとした形で成就させてあげるのです。母と息子という関係だとしても、いやそういう深い関係だからこそ、もうこれしか方法はないのだと考えていました。

そして私はその日を、そのときを待ちました。夫が昼夜を通して不在になるときを待ったのです。

それは思いもかけず早くやってきました。決心してから二週間とたたないうちにです。

夫の実家の親戚筋にあたる方が亡くなったので、夫は休暇を取って二泊三日の予定で家を空けることになったのです。

本来ならば私も夫といっしょに葬儀に出席するべきだったのかもしれません。しかし智和のこともあったので、二人分の旅費の出費は痛いのよね、などと適当な理由をつけて葬儀への出席を渋ると、それほど近しい親戚というわけでもなかったこともあり、夫は別段何か言うでもなく、一人で出かけていきました。

この偶然は、何かしら天啓のようなものとしか私には思えませんでした。息子と私のために神様がチャンスを与えてくれたのです。

その日、夫を送り出すと、私はドキドキしてくるのを抑えきれませんでした。まだ昼間だというのに智和とのことがやたらと想像されて、高鳴る鼓動がやまないのです。

そして夕方になると智和が帰ってきました。私はお帰りなさいとだけ言うと、食事の用意だけはすませたことを示して、いったん部屋の中へひきこもりました。

そして、しばらくしてから智和が食事をすませたのを確認すると、今度はお風呂を沸かしたから入るように促《うなが》しました。風呂から上がったところが決行するチャンスだと考えたのです。

私は自分の部屋に戻ると着替えました。少し派手できらびやかな下着を着用したほうがいいのではないかと思ったのです。

智和が関心を示しそうなもの、あるいは性的な興奮をさそうような、そんなスタイルに自分を着飾るのが、自分にとっても、そして智和にとってもいいように思えたのです。

こんな下着を身につけたのは、ほんとうに久しぶりのことでした。夫との夫婦生活が乏しくなったように感じたときに購入してあったものです。智和に持ち出されたものとは色違い、紫色でシースルーのものでした。

そんな自分の姿を鏡で見ながら髪を梳《す》いていると不思議な高揚感がありました。女が体を張って男をものにするような淫らな感覚があるのです。

私はそんな気持ちを心の奥底にしまい込むように、何度も深く呼吸を繰り返すとガウンを羽織り、智和が風呂から上がるのを待ちました。

家の中は驚くほど静まりかえっていました。ときおり風呂場のほうから聞こえる物音に、私は智和の様子を思い浮かべていました。

裸になって首筋や胸や、それに下腹部に泡を立てながらタオルをすべらせる姿がはっきりと浮かんでしまうのです。

自分はこれから智和のためを思って身を捧げようと、体を張って智和の思いを遂げさせようとしているのに、これではダメだと、あらぬ想像をかき消そうと必死でした。

私が智和の体を奪うのではない、私が差し出し奪われるのだ。そう何度も頭の中で繰り返しました。

やがて風呂場のほうから戸を開ける音がして、それから音は智和の部屋のほうへとつづいていきました。

私は咄嗟《とっさ》に部屋を出ると、智和の部屋へ向かいました。駆けていく中で、落ち着くように落ち着くようにと自分自身に言いきかせていました。

「智和、開けてちょうだい。どうしても話がしたいの」

ドアの前でそう言うと、ほんの少し間があって智和の声が聞こえました。

「開いてるから、勝手に入ってくればいいじゃないか！」

それは怒っているようにも聞こえました。

「じゃあ、入るわよ」

そう断って中へ入ると智和は憮然としたようにベッドの中にもぐっていました。まだ頭は乾ききっていないはずです。私が来たことで反射的にベッドに入ってしまい、反抗的な態度を無意識にとってしまったのでしょう。

「話ってなんだよ。もう寝るから明日にしてよ」

ベッドの中から智和の声が聞こえました。

私は何も言うことなく智和に近づきました。そしてベッドの傍らに立つとガウンを脱いだのです。

そのまま無言でいる私に業を煮やしたのか、智和が怒鳴るような声をあげました。

「母さん、いったいどういうことなんだよ！」

そう言ってベッドから飛び起きた智和は、私の姿を見て驚いたようでした。

私は乳房も翳《かげ》りの部分も透けているその下着姿を息子に見られ、激しい羞恥《しゅうち》心に襲われていました。体が思うように動かず、声を出そうとしてもすぐにはできません。

それでもなんとか勇気を振り絞って言いだしました。

「母さん、これから智和のものにしていいから。智和の好きなようにしていいのよ。一つになりたいって、ずっと思っていたんでしょ」

そう言ってベッドの端に座ると智和は驚いたように飛びのきました。言い方を換えれば、逃げるように反対側へと離れたのです。

私はそれを智和がまだその決心がつかないが故の行動だと思いました。突然やってきた初体験の場に、あわてふためいてパニックに陥っているのだと解釈したのです。

私はそんな智和がいとしくなりました。そしてにじり寄るように近づいていきました。

「大丈夫だから。智和はふつうにしていればいいの。私が、私が……」

次の言葉はなかなか口にできませんでした。私がリードしてあげるから、言うとおりになさい、みたいなことを言いたかったのかもしれません。

それとも、私がほしいんでしょ、これから私はあなたのものになるのだから好きにしていいのよ、とそんなことだったのかもしれません。いずれにせよ智和にそのときが来たのだというような意味のことを伝えたかったのだと思います。

智和はといえば、もう目のやり場がなく困ってしまっているようでした。ベッドの隅で壁にぴったりと身を寄せているのです。突如としてやってきた瞬間に震えているようにも思えました。

私は智和の手にゆっくりとふれました。しかし智和は振り払うようにして避けました。それでも私は智和の手を取って、私の乳房や下半身に添えようとしました。そうすれば智和のほうからいろいろとしてくるのではないかと思ったから……。

下着を使って欲望を吐き出すような性に未熟な十七歳の少年に、初体験のときをどのように迎えるべく促したらいいのか。その答えは簡単でした。

いま智和は私の挑発的な下着姿に興奮気味のはずです。それに加えてさわることで、さらに興奮させてやればいいのです。

私はそう判断すると智和の下腹部に手を伸ばしました。

「あっ！」

智和は腰を引いて私から離れようとしました。しかしそれを見越していた私は伸ばした手を下腹部から離そうとしなかったのです。

「あああっ！」

パジャマ姿という薄着だったせいか、ちょっとした接触でも智和には充分に感じるものがあったようで、なんともいえない表情になりました。

「大丈夫だから。なにも心配しなくていいの。ずっと溜めてきたものをすべてきれいに消し去ってあげるんだから」

私は智和に、私に対するすべての欲望を吐き出していい、ぶつけていいのだと説明するように話しました。

まさぐればそこにあるものはすぐに熱くなっていくのがわかりました。智和の分身が私の施しで勃起する瞬間でした。

「ああっ、や、やめてよっ！」

私はパジャマの上からそれがどうなっているのか確かめると、智和が感じるように指先を動かしました。

「はああっ、ああっ……」

自分の指先しか知らない智和にはかなりの刺激だったのではないでしょうか。見る見るうちに表情が快感にゆがんでくるようでした。

私はパジャマの前の部分から手を差し入れると、ひと思いに智和のペニスを引っぱり出しました。

「ああっ、ダメだよおっ！」

駄々っ子のような声が聞こえました。ほんとうにかわいらしい声、とても優しい声でした。

それはまだ、私のような大人の女性にとってはおち○ちんと形容してもいいようなもので、未発達で完全に大人になるには時間を要するものでした。

私は指先で優しく皮の部分をめくるように引きました。

「ああっ、そんなことしたら……」

それから指先を自分の口に含み唾液で湿らせると、再び智和に添えました。

「はあっ、うううううっ」

体がしびれているかのような呻《うめ》き声でした。ヒクリヒクリと痛々しいくらいに智和の体もおち○ちんも震えています。

「我慢しなくていいんだからね。何回でもできるんだから。今日も明日も、これからいくらでも時間はあるんだから。すぐに終わっても全然恥ずかしくなんかないのよ。我慢なんかすることないんだから……」

私はすぐに射精してもかまわないと思い、同じことを何度も繰り返しました。

私の指に挟まれて、いとしい智和の分身はそれは元気に息づいています。驚くほど硬く熱く息吹いているのです。

薄桃色に顔をのぞかせる先端はどんどん赤く染まり、中からはしっかりとぬめる液体を排出しています。私はそれを指先に付着させてはゆるゆると優しい刺激を与えました。

智和はもう及び腰といった感じではなく、私の施しに完全に身をまかせているようでした。

「あぁっ、あああっ。もう、もうダメだよっ」

そんな声とともに、智和の表情がゆがんでいくのがわかりました。私はこのまま射精の瞬間を迎えさせるべきだと思い、指先の動きをゆるめませんでした。

そしてついに智和が、その瞬間を迎えました。私という対象によって導き出された欲望を吐き出すときが来たのです。

「ああっ、あああああああっ、あああああっ……」

途切れ途切れに息継ぎしたかと思うと、ほんの一瞬をおいて、智和の欲望のかたまりが噴き出しました。息継ぎと同じように、少しばかりのかたまりが飛び出して、そして勢いのある長いものが驚くほど噴出して、最後にはその半分ばかりのものが勢いを失いながらぴゅるぴゅると飛び出して終わりました。

「――あおおおおおおっ」

根元の部分から指先を先端に向かって動かすと、最後に残ったねばりけの強いものがすべて溢《あふ》れ出てきました。精液の噴出にあわせるようにして智和はグッタリとしていました。

そして、私はといえばなまなましい芳香に満たされていました。これほどの匂いをかぐのは久しぶりのことでした。そこには若さが満ちているようです。

私はべったりと付着した智和の精液の手ざわりを確かめました。すごく濃厚でつたって落ちてしまうこともなく、そのまま指先にこびりついているのです。

これが智和の、息子の私に対する愛情のすべてなのだと思いました。ありったたけの性愛を吐き出したものが、この指先に付着しているのだと思いました。

私はすぐにでもこの智和の性愛のかたまりともいえるものを受け止めるべきだと感じていました。私自身も異常に高揚していたのかもしれません。すぐにでも智和がほしくてならなかったのです。

「これから智和と母さんは結ばれるのよ。一つになるの。体と体を重ね合ってより深く結ばれるの。智和は思いきり欲望を吐き出すのよ」

そして私は徐々になえてきていた智和の分身を唇に挟みました。

「おはあっ……」

優しく唇を添えるようにして挟んだまま、舌を使って刺激しました。先端の部分を小刻みにくすぐるようにしたのです。

「ああっ、きっ、気持ちいいっ！」

智和が、はっきりと快感の言葉を口にするとともに、智和の分身は再び硬くなり始めていました。

「あはあっ、すごくいいよお」

すぐに完全に勃起すると、私は口の中深くへ取り込みました。

「あったかい。ぬめぬめしてる……」

智和の体の一部を口に含んでいることで、一体感を感じていました。そして舌や唇の動きにすばらしいほどの反応を見せてくれる智和がますますいとおしくなっていました。

「うううう、ううううう。ううっ、うううううっ」

私はいつのまにか口での快感を与えながら、息子の名前をつぶやいていました。

「智和、智和。私の智和っ」

そう知らず知らずに口走っていたのです。そんなことなどつゆ知らず智和は身《み》悶《もだ》えするように体をふるわせています。足はだらしなく開かれて力が抜けてしまっているようです。

私はパジャマを引っぱって脱ぐように促しました。そして口から離し、智和の下半身を露呈させ、抱き寄せたのです。

私は夢中で下着を脱ぎました。じっくりと見てほしい、じっくりとさわって愛撫してほしい、そんな余裕はもはやありませんでした。

脱ぎ終わると足を開き、その中へ智和を抱えるように入れました。

「ここよ。ここがほしかったんだよね。智和はここに入りたかったんでしょ。智和がここに入ってくれれば、何もかも元のとおりになるの。もっと深く繋《つな》がることができるのよ。そうでしょ」——

私は、勃起したものをその場所に導くようにして添えました。そして智和自らの動きを待ちました。

私たちは見つめ合っていました。視線と視線を交わし心の中で会話したのです。

(入れるよ。一つになるよ。そしたらもっと深い繋がりを持てるんでしょ)

そう息子は言っているように思えました。そしてぬれそぼった私自身と、熱く硬くなった智和の分身が深く交わったのです。

「あっ！」

受け止めるとズンとした感触が私を襲いました。思わず声を出していました。

「あううう……」

智和は目を細めて小さく呻いていました。私はそんな智和を抱きしめると足を体に回して巻きつけました。

確かに一つになっているのだ。息子が望んでいたことを私が身をもって行っているのだ。そんな充実感に満たされていました。

しかし智和はなかなか動こうとはしませんでした。中にすっぽりとすべてを埋《うず》めてしまったものの、やはりまだ遠慮があったのでしょうか。私はそう感じると腰を曲げたり伸ばしたりしながら動かしてあげました。

「ううっ、あああっ」

「こうやって動かせばいいの。私がやるのではなく智和がやって。腰を動かせば
智和はとっても気持ちよくなれるの。何も考えずに欲望のままに従えばいいの」

私の腰の動きに感じたのか、少しずつ智和が動きだしました。そしてそれはど
んどんと大きく強く、激しくなっていったのです。

「ああっ、あああっ、あああっ！」

智和の動きは驚くほどエネルギッシュでした。若さと、それにこれまでにつの
らせた私への深い思いが溢れているようでした。

ベッドはギシギシと音をたてて揺れ、静かな家の中に響いているようでした。

私のひたいに、智和のかいた汗が流れ落ちてくるのがよくわかりました。

私には、とうとうこういう関係を作ってしまったのだ、自分から求めるように
してしまったのだという、懺悔《ざんげ》の気持ちがありました。

しかしそれ以上に、私の体の上で飛び跳ねるように腰を振る智和に満足でした。

「ああっ、あああっ、もうダメだよっ」

「そのままイッていいのよ。たっぷり出していいの。ぜんぶ吐き出してっ！」

私は智和の体に回した足に力を込め、より強く智和を抱きしめました。そして智和の私に対する性愛のありったけを、受け止めたのです。

体の上でグッタリとなった智和を抱きしめながら、そのまま私たちは眠っていました。

そして翌朝、私のほうから智和に口づけし、もう一度、熱くなった智和の思いを受け入れたのです。

体を交わしてからはそこにより深い繋がりができたと私は確信しました。元のとおり以上の関係にもなれたのだと思いました。

智和は元気よく学校に行き、これまでどおりに炊事や家事など私の仕事を手伝ってくれました。

ただ日常の中でふと交わすお互いの視線に気まずくなってしまうことは幾度かありました。

しかしそれから数週間後、思いがけないことが起こりました。

智和の友人であるS君のお母さんから至急会いたいという主旨の連絡をもらったのです。

S君は智和と仲良しでよく家へも遊びに来ていたのに、ここのところ姿を見せないのでどうしたのかなと思っていたのですが、ひょっとして智和とS君が喧嘩でもしているのではないか、そのことで相談があるのではないかと私は心配になりました。

約束の場所で落ち合えば、Sさんはしきりに私に頭を下げてきます。その姿にいったいどうしたのかと理由を尋ねました。

「とても恥ずかしいことで申しわけないのですが……」

いまにも泣きだしそうで言葉を詰まらせているSさんを私はなだめました。そして次の言葉に愕然《がくぜん》としてしまいました。

「うちの息子が、お宅から下着を持ち出したようなんです――」

智和はS君をかばっていたのです。それなのに私は……。

私は泣きだしてしまったSさんに言いました。

「このことは誰にも言いませんからお互いの胸に収めておきましょう」

家までの帰り道、私は呆然《ぼうぜん》として頭の中が混乱していました。そしてここ数カ月の経過をもう一度思い出していました。

とんでもない勘違いだったのです。自分の勝手な思い違いで息子を犯人にしてしまったのです。

でも、その後の出来事に後悔はありません。あのとき以来、智和は以前よりもずっと私のことを愛してくれるようになったと思います。

# 妹を妬む姉は腹いせに甥を誘惑して快楽に溺れさせ

田中奈緒美（仮名）家事手伝い・三十九歳

どこでどう人生の歯車が狂ってしまったのか、四十歳を目前にしてつくづくそう思っています。十代から二十代の初めまではほんとうに順調に思いどおりだったのに……。

特に男性関係は、中学二年生のときに学校でいちばん人気のあったサッカー部の三年生から交際を申し込まれつきあってからというもの、高校でも短大でも、もうモテまくりといってもいいくらいに男に不自由することはなかったですし、つきあった男たちはみんな心からわたしのことを思ってくれる人ばかりだったとあらためて思い直しています。

それが短大を卒業してからというもの、さっぱりになってしまったのです。男にモテなくなったというわけではありません。優に片手では足りないくらいの男性とはつきあいました。しかしその誰もが不誠実な人ばかりだったのです。

結局わたしは結婚には失敗してしまいました。この人はと心底惚《ほ》れ込んでいた相手は、実は妻子持ちでわたしとは不倫関係だったり、三十一歳のときに婚約まで交わした男性は、わたしの知らないところで十歳も年下の女と半同棲をしていたりと、もうさんざんです。

同級生の独身が一人、また一人と減っていくのを聞き、あせらずにいられるはずはありません。結婚に失敗したのはそんなあせりから相手を見誤ったせいかもしれません。しかしそれよりもわたしを本当の意味であせらせたのは妹の存在でした。

わたしと二つ違いの妹は、姉の私から見ればかなり地味な女で中学高校といっしょの学校にいるということが、なんだか恥ずかしいくらいでした。このわたしの、学校でいちばん人気がある男子とつきあっている田中奈緒美《たなかなおみ》の妹が、どう見ても地味で陰気でまったく垢抜けない、それこそ普通以下の女の子だなんて、それは許しがたいほどでした。

でもそんな妹の真由美《まゆみ》は二十歳で結婚。すぐに子供を作ると郊外に家まで買って平凡だけど、男にだまされたわたしから見ると、うらやましいばかりの生活を送っているのです。

真由美が家人に紹介したいと、いまの亭主である中内慎一《なかうちしんいち》さんを連れてきたときには、どこでどうまちがえたのか神様がわたしと妹を勘違いしたのではないかと思ったほどでした。

慎一さんはおとなしいけれど見てくれはけっこういいうえに、家柄も申しぶんなく、どう見ても妹とは不釣合いにしか思えませんでした。それなのに結婚だなんて、母もわたしといっしょになって「ほんとうに信じられないね」と、驚いたくらいです。

その後、わたしは三十代半ばでこの不景気から失職。失業保険で食いつないでいるありさま。男も仕事もちっともうまくいかない。そんな途方にくれているときに妹夫婦から連絡をもらったのです。

それは家政婦のようなことをしてくれないかという内容でした。わたしが金銭に窮していることをどうやら母から聞いたのと、妹夫婦は共稼ぎで家のことまでなかなか手がまわらないから助けてほしいということでした。

よけいなお世話というものです。なんでわたしが仲睦《なかむつ》まじい妹夫婦の家庭を垣間見ながら、家事をやらなきゃいけないの！

「就職活動もしたいし二、三日考えさせて」

と、そのときは憎々しげに電話を切りました。しかし、ふと考えたのです。妹の亭主との間に何か起きてしまえば、どうなってしまうだろうかと……。

女としての魅力はわたしのほうがずっと上に決まっている、そんなわたしがおとなしいあの亭主と二人きりになる機会をつくったとしたら、きっとただではすまないだろう。そう遠くないうちに肉体関係まで発展するのではないか……。

わたしは妹の申し出を受けることにしました。まるで社会人一年生の職場結婚をもくろむ二十代そこその女に戻ったように、化粧して着飾っては妹の家へ出かけたのです。

さすがに若いころ着ていた派手な衣服をいまさら着ていくことはできません。でも体の線が強調されるのや、いまだに自信のある脚を大胆に見せる短めでタイトなスカートをはいたりと、わたしの体に興味を引かせるような格好をして出かけていきました。

妹はわたしのそんな格好を見て面食らっていました。

「行き帰りの格好くらい好きにさせてよ。掃除やなんかのときにはそれなりのに着替えるから」

そう言えば反論もないはずです。それに亭主の慎一さんも、

「別にいいんじゃないか」

と、口ではそっけなかったけれど、かなり意識してわたしを見ているのではないかと思いました。

でも一週間くらい妹のところに通ってわかったのは、慎一さんは仕事が忙しくて土日以外のほとんど、わたしとは顔を合わせることすらないということでした。

わたしは洗濯や寝室の掃除をするなかで、いったい妹の亭主はどんなセックスをするのか、この下着の下にどんな男性器をしまい込んでいるのかと、そんな期待も抱いていたのに、このまま一年以上働きつづけても、機会は訪れそうにないことを知りました。

二週間もするとこれではどうにもならないことに気づき、早々に諦めることにしました。ただ、諦めるといっても、そのまま妹のもとで幸福そうな家庭をのぞき見しながら過ごすつもりは毛頭ありません。

ターゲットを変えたのです。妹の亭主から、わたしの甥にあたる妹の息子、十

六歳になったばかりの中内真宏《まさひろ》という高校生の少年に……。

はたして十六歳という年齢の男の子がどれくらい性知識を持っているかは、わたしにはまったく想像できませんでした。それでわたしは、まずはそのあたりのことを情報として知らなければいけないと計画を立てました。

平日の昼間、誰もいないのをいいことに、真宏の部屋をくまなく家さがしすることにしたのです。エロ本の一冊や二冊、どこかに隠しているだろうと思ったからです。

でも、エロ本はおろかアイドルの写真集さえも出てきません。出てきたのは巻頭にアイドルのグラビアが載っているマンガ雑誌くらいでした。

「真宏くん、好きなアイドルはいるの？」

そう、夕食の支度をしているときに聞いてみても、

「特にいない。でもクラスではやっぱ『モー娘。』が一番人気だけど」

そんなありきたりの返事しか返ってきません。

わたしは再度、家《や》さがししました。机の中や本棚の本の後ろとか、そんなところまでさがしたのにやっぱりなにもありませんでした。

しかしその秘密は、ふと目についたパソコンに隠されていました。

起動して中を探っていると、アイドルの名前がついたフォルダの中に、日本人と外人別に細かく分けられたインターネットからダウンロードしたと思われる裸の画像がたっぷりとあったのです。

局部まで鮮明に写されたものもかなりありました。『オープン』と名前がつけられたフォルダには女性が開脚し秘部をさらしたものばかりが、『バック』とされたものには四つん這《ば》いで尻越しに性器を見せる女性ばかりがといった具合に、かなりマニアックに整理されていたのです。

わたしはそれを見た瞬間、これで真宏の体はわたしの思うがままになると確信しました。

ある日、わたしは真宏にパソコンを教えてほしいと頼みました。きっと彼はわたしのことを、機械にはさっぱりだと思ったのでしょう。疑いもせずに、

「明日は早く帰ってこれるから、そのときに教えてあげるよ」

と、言ってくれたのです。

その日の夜は、どうやって少年を誘惑しようかと思い、それ相応の経験を積んでいるわたしでもけっこうドキドキするものがありました。年下との経験は二人ほどありましたが、二十歳以上も歳の離れた、それも百パーセント童貞の少年と

の経験などあるはずありません。そしてこの少年は妹の血を受け継いでおり、わたしには甥にあたるのです。

そんなことをいろいろと考えては久しぶりに甘美でいやらしい思いに酔いしれていました。

翌日、真宏は早々に学校から帰ってくるとわたしを自分のパソコンの前に引っぱっていきました。ちょっとした家庭教師のような張りきりようです。

「物覚えが悪いかもしれないけど、怒らないでよ」

「大丈夫だよ。優しい先生になってあげるから。ぼくは人に教えるのうまいんだから」

真宏のそんな口のきき方は、わたしを職にあぶれ男にも見放された女だと小バカにしているようにも思えました。それでもあとあと起こることを想像すると愉快で腹は立ちません。真宏がパソコンの先生ならわたしは真宏のセックスの先生というわけです。それにパソコンの知識なら事務職をやっていたのでそれ相応のものは持っていました。

それでもわたしは知識のないふりをしながら真宏に言われるまま、パソコンに向かいました。おおざっぱな基本操作を教えてもらうと、

「自分だけでちょっとやってみたいから、そこで見てて——」と真宏を横に座らせてわたしはパソコンを操りました。そして、つい先刻真宏が帰ってくる前に元の場所から移動しておいた一枚の画像をクリックして開いたのです。

「あれっ！　これ何かな？」

ファイルには『アイコラオープン６』と名がつけられていました。

「ちょっと待って！　それさわらないで、勝手に開くとパソコンが壊れちゃうかもしれない」

　わたしの知識が乏しいと思ってか適当な言いわけをする真宏に腹立たしくなりながら、わたしは止めるのも聞かずに画像を開きました。

「えっ、何これ！」

　さも大げさに、わたしは驚いたように大きな声をあげました。モニターには全裸の女がこれ見よがしに股を広げている画像が映し出されました。そしてそれは人気絶頂のアイドルの頭の部分とすげ替えられていました。

「この娘《こ》って、知らないところでこんな写真撮ってるの？」

　わたしはとぼけて、それが合成で作られたものだとはまったく知らないふりをして驚いてみせました。

「これ売れるんじゃないの。それにしても真宏くん、こんなのどうやって手に入れたの？」

真宏に迫ると彼は目を逸《そ》らして黙っています。

「真宏くんっておとなしそうだけど、けっこうヤッてるね。ひょっとしてこのアイドルとつきあってるの？　それで撮影させてもらったの？　そうでしょ、そうなんでしょ」

わたしはこの少年を貶《おとし》めるような快楽に酔いしれていました。そして、間をおいてつけ加えました。

「あっ、わかった。やっとわかったわよ。ひょっとしてこれ真宏くんが作ったんでしょ？」

彼を見ると耳まで赤くして、とても恥ずかしそうです。

「女の子には興味がないようなこと言ってたのに、やっぱり興味あるんじゃないの。それもこんな画像を自分で作ってるなんて、伯母さんちょっとあきれちゃったなあ」

そう言って肩を叩いてやると、体をふるわせているのがわかりました。暴力的な少年だったら飛びかかってきたのではないかと思えるほどでした。

「セックスの経験はあるのかな、真宏くんって？」

彼の顔をのぞき込んで、そうやって尋ねました。

「ないよね。でもとっても興味はあるんだよね。こんなの作って、これをオナニーのときに使ってるんでしょ。だから作ったんでしょ」

そしてわたしは真宏の膝の上に手を置きました。

「パソコン教えてくれたお礼に、わたしがエッチなこと教えてあげようか」

そう言いながら徐々に手を、彼の股間へと近づけていきました。

「ちょっとだけ見せてくれるとうれしいな。なんか興味わいてきちゃったんだ、わたし。恥ずかしいの？　でも勇気があるならちょっと見せてほしいな」

手を真宏の股間にそっと置けば、すでに勃起しているのがわかりました。わたしは小さくゆっくりと指先でそこを刺激してやりました。

「大きくしちゃってるでしょ、ここんところを。見なくてもよくわかるよ。こうやってやるだけでもすごく気持ちいいでしょ」

亀頭を探り、スルスルとなでると真宏の体はビクリビクリと痙攣《けいれん》していました。

「見せてくれれば、直接やってあげて、もっと気持ちよくなれるのにな――」

そう言うと、もうどうにも我慢できなかったのでしょう。真宏がジッパーを下げたのです。わたしはもうおもしろくってどうしようもありませんでした。すぐにズボンに開いた穴の中に指を入れました。

「わたしが手伝って引っぱり出してあげるから——」

そして剝《む》き出しにすると間髪を入れずに口に含みました。

「ひゃっ！」

驚いたとも感じたとも取れる声で真宏はうめきました。

少年のペニスはまだ不完全で匂いもきつい感じでしたが、まあそこは我慢しなければと思い、わたしは緩慢に実にゆっくりと、出てしまわないように気を配りながら舌先を唾液で湿らせては刺激してやりました。

「ううっ、あああっ、ひゃあっ……」

真宏の反応を見て、そろそろヤバいかな、と思ったわたしは口を離して、

「もうお母さん帰ってくるでしょ。中途半端でごめんね。明日またパソコンのつづき教えてよ。そしたらわたしもしてあげる。いまのつづきをこうやって——」

舌を大げさに出して、動かしながらたっぷりと見せつけてやると、その日はそのまま帰りました。

きっとあの後、真宏はオナニーしたに違いない、わたしの誘惑に中途半端では我慢できず、自分の手で射精したに違いない。そう思うと笑いが止まりませんでした。

翌日、わたしがいつものように掃除や食事の仕度をしていると、真宏が息を切らせて帰ってきました。

(昨日のつづきを一刻も早くしてほしい)

そんな感じです。

わたしは込み上げてくる笑いを抑えながら、

「ちょっと手伝ってくれると早くつづきができるんだけどなあ」

と、真宏に夕食の仕込みを手伝わせました。

そしてそれが終わると、またパソコンの前に座りました。

「きょうはパソコンは後にして、わたしのほうを先にしようか?」

そう言うと真宏は満足そうな表情でうなずいています。

「じゃあ、出してみて。もうどうせ大っきくなってるんでしょ」

一度見せてしまったことでもう平気なのか、それとも恥ずかしさよりも快楽をより早く自分のものにしたいという気持ちが勝っていたのか、真宏はすぐにペニスを取り出してわたしに見せてくれました。

「けっこう立派なおち◯ちんだね。真宏くんは見かけは子供っぽいのに、ここはひょっとしたらわたしみたいな女でも満足させられるかも」

そうベタぼめしてあげました。まだ大人にはほど遠かったけど、真宏は満更でもないようです。ペニスをほめられただけでこんなにもうれしそうにしているなんて男ってバカだなと思いました。

「昨日は口だったけど、手もいいんだからね。こっちへ寄っておいで」

わたしは唾液を手のひらにたっぷりと垂らすと、塗りつけるように真宏のペニスにふれました。そして昨日のように緩慢にゆっくりと、射精をさせないように気をつけて刺激したのです。

「ひゃっ、はふっ。ほうっ、ふうおっ」

真宏はおもしろいうめき声をあげ腰を引いたり突き出したりしながら、わたしの手の施しに酔っていました。このわたしのしなやかな指先の刺激を受けたら、もう自分の手でやるなんてバカらしいとしか思えないでしょう。

「ほら自分でするよりもずっといいでしょ。気持ちいいでしょ」

「ああぁっ、はあっ。ううっ……」

真宏はなんとも言いようのない顔つきで、大人のわたしから見ればまだまだ子供のくせに、みっともない顔をして、よがっていました。

そしてわたしは昨日同様に、その手をパタリと止めました。

「ごめん、伯母さん疲れちゃった。昨日ちょっと縫い物したから手首や指がだるいんだ。ごめんね、中途半端で……」

そう言って、わたしは真宏の前で足をバッと広げて組みなおし、ぬれた手先を顔に持ってくると匂いをかぐような仕草を見せました。

またまた中途半端に中断されて、真宏は茫然自失《ぼうぜんじしつ》といった感じです。もう固まったように突っ立って、それでもペニスはツンツンと痛々しいくらいに屹立《きつりつ》させていました。

どうするのかな、このまま諦めてズボンの中にしまっちゃうのかなと思っていると、そうではありませんでした。わたしを見ながら自分の手でしごき始めたのです。

「あらっ、自分ですませちゃうの。だったら見せてもらおうかな。わたし初めてなんだ、男の子がオナニーするとこ見るのって――」

もうどうにも我慢できなかったのでしょう。中途半端ななま殺し状態など、それがいくら高校生の少年でも……。

真宏は必死でペニスを刺激していました。摩擦する速度はびっくりするくらい速くて、皮が剝けてケガをするのではないかと思えるほどでした。

「そろそろ出るの？　わたしにかからないように注意してね」

わたしはそう言って笑いかけながら、真宏のぬれたペニスの先端を指で弾きました。

「ひゃっうっ！」

彼はその瞬間、床に飛び散ってしまうほど勢いよく射精しました。

「わあ、すごく飛んだ。こんなの見るの初めてよ。びっくり……」

勢いはよかったのに量はそれほどではありません。それは昨日のオナニーの証《あかし》でした。このまま毎日誘惑すれば、きっと精液が枯れてしまうまでオナニーをしつづけるのではないかとわたしは思いました。

「いいもの見せてくれたから、何かご褒美をあげようかな。でも普通のものじゃあ嬉しくないよね？」

わたしはそう言うと、真宏にジャムの入っていた小瓶とわたしの下着を差し出しました。

「明日から何日か来られないの、ごめんね。だから真宏くんが自分でするのにいいかなって、これわたしの下着。それにただ出すだけじゃもったいないでしょ。だから出したものをこれにためてほしいの。いっぱいになったら見せて。それでね、いっぱいにしたら今度はもっと、すごくいいご褒美をあげるから」

わたしはそこまで言うと真宏の顔を真顔でのぞき込みました。

「言わなくったってわかるよね、真宏くんなら――ね」

意味を理解しているように真宏の心臓が大きな音で鼓動しているのがよくわかりました。

「これにいっぱいになったら、真宏くんにわたしのも見せてあげる。それでそのときに、わたしでよければ真宏くんの初めての相手になってあげる。だから今度会うときはどこか外で会おうね。携帯の番号教えておくから、瓶にたまったら電話して――」

真宏は汗を噴き出して緊張していました。わたしはもう踊り出したいほど愉快でなりません。

きっと真宏はわたしの与えた下着を利用して、日に何回となくオナニーにふけることでしょう。勉強もそっちのけで、それこそ食事だって満足に食べずに、張りきって射精するのかもしれません。部屋にこもってシコシコとこすりつづけるのです。そんな真宏の姿を想像するともう楽しくってなりません。

そして真宏は勉強も手につかなくなり、学校の成績も見る見るうちに無残なものになってしまうでしょう。

驚いたことに、それから十日もたたないうちに、真宏から連絡がありました。毎日射精したとしても、こんなに早くいっぱいになるはずはないと思っていたのに、それほど出しつづけたのか。あるいはそれらしいものを何か混ぜたのかはどうでもいいことですが、真宏がどんな顔をしてわたしの前に現れるかと思うと、ウキウキした気分でした。

わたしは街はずれのファミレスで待つように言うと、車で迎えに行きました。

その表情を見てびっくりしました。真宏は精気の失せた、およそ高校生らしくない不健康な表情をしていたのです。

(ホントに猿みたいにオナニーばかりしていたのかしら)

ウソかホントか知らないけれど、一度教えたら際限なくやりつづけるという猿のオナニーの話を思い出して、なんだか吹き出しそうになりました。

「たまった瓶をいま持ってるの?」

「は、はい――」

真宏はキョロキョロと店内をうかがうと、鞄からそっと小瓶を取り出してわたしに見せました。

いっぱいにはなってなかったものの八割程度、小瓶には液体が満たされていました。時間がたてば濁りが消えてしまうはずなのに、瓶の中は白く混濁したままで、なんらかの細工をしたことは一目瞭然《いちもくりょうぜん》でしたが、だまされたふりをしました。

とはいえ半分近くは実際に出してためたのでしょう。真宏の表情がそれを物語っています。過剰なオナニーで疲労困憊《ひろうこんぱい》といった感じです。

「元気なさそうよ。お母さんに何か言われなかった?」

「言われたけど、テストが近いから、遅くまで勉強してるんだって……」

夜な夜なしているオナニーを、勉強していることにするなんて、それはもうおかしくて仕方ありませんでした。

「じゃあ、ご馳走してあげるから何か食べなさい。お母さんにはわたしが電話しとくわよ。偶然会ったもんだから、ご飯をおごってあげたんだって。だから帰りも遅いって」

真宏はしたくてしたくてたまらない状況からついに解放されると思ったのか、それともわたしとするためにスタミナをつけなくてはと感じたのか、かなりの食欲を見せました。

「家でちゃんと食事もしてなかったんじゃないの？」

「だってあまり食欲なかったし、それにためるので忙しかったから……」

わたしはあまりのおかしさに思わず吹き出してしまいました。

「じゃあ、今日はたっぷりいい思いをしないとね。わたしの体で」

そう言うと真宏は、はにかみながら伏し目がちにわたしを見ていました。そして車で隣町にあるホテルへといっしょに行きました。

中に入ると、真宏はもの珍しそうにバスルームに入って蛇口をひねったり、ベッドのまわりの照明のボタンを押したりと、とても落ち着かないようでした。

このまま無視していたらどうするのだろうか。密室で年上の女性と二人きりになった童貞高校生の行動をしばらく見ていたい気持ちもありました。けれども股間のあたりをよく見みれば、すでに勃起していることがわかり、わたしももう感じてきていました。

「いっしょにお風呂に入ろうか。それで体を洗ってあげるよ」

そう声をかけると真宏は小さくうなずきました。態度には出さなかったものの
かなりうれしかったに違いありません。

真宏はソファの陰でコソコソと服を脱ぐとさっさとバスルームへ飛び込んでしまいました。わたしはタオルを体にしっかりと巻き、真宏の後を追って中に入りました。

真宏はバスタブに湯を張りながら中に入ってわたしを見ています。

「こっちへおいで。洗ってあげるから」

そう呼びつけると真宏はペニスの部分をタオルで隠してわたしに近づいてきました。

「手でしたのに、いまさらどうしたっていうの？」

わたしはタオルで隠したペニスを剝き出しにすると、湯をかけ指先でしわまで伸ばすようにして洗ってあげました。頭からシャワーをかけてやるとほんとうにうれしそうに、いまにもはしゃぎ出さんばかりです。

「わたしも洗ってくれるかな。真宏くんもそうしたいでしょ？」

真宏はうれしそうな顔をしてタオルを泡立てています。わたしは体に巻いていたバスタオルを取ると、立てかけてあったエアマットを敷いてその上にうつぶせ

になりました。

「さっ、きれいにしてちょうだい――」

そう言ってもなかなか真宏の手は伸びてきません。というのは、後ろからわたしのあの部分をなんとか見ようとしているからでした。

「洗ってくれないと次にすすめないよ。わかってるの？」

その声に真宏はわたしを洗い始めました。腕を差し出せば腕を、首をねじれば首筋や肩をと真宏はもう言いなりで、洗うのをやめるように言わなければ、いつまでもタオルでこすっている始末です。これはなんだかいいモノを見つけたなあという気分でした。

そして背中を流させると、わたしはあおむけになって真宏に体をさらしました。真宏はもう目を皿のようにしてわたしの体の隅々までに見とれています。そんなふうにされるとなんだかとてもいい気分でした。

命令すればなんでも聞いてくれる柔順な召使いの少年を飼いならしているようです。

「あそこが見たいの？」

そう尋ねると真宏はモジモジしています。

「ちゃんと言葉に出して言わないと、なにもしてあげないわよ。どうする？」

ちょっとキツく言うと、真宏も決心したのでしょう、

「奈緒美さんの、奈緒美伯母さんのあれを……、おま○こを見せてください」

わたしはすっかり緊張している真宏を見据えながら、少しずつ足を開いていきました。

「近くで見たいでしょ。手に石鹸をつけて洗って。そしたらなめさせてあげるからね」

真宏は股間のところに移動して手でまさぐり始めました。もう気持ちは完全に女性器にいっている感じです。何か言っても耳に入りそうもありません。それくらい本物の女性器に関心があったのでしょう。

少年の小さな指先がかなり心地よく感じられ、わたしはぞくぞくしたものを覚えていました。これまでに経験したことのない何かがそこにあるような気がするのです。

まだ未成熟だけどペニスはこれ以上ないくらいに突っ立ったままです。無骨な成人男性と比べると真宏の指先は女性器にはちょうどいい刺激を作り出してくれます。そしてなによりもわたしの体への興味と、まだ高校生という年齢、これら

を併せれば、わたしのセックスの処理に使えるのではないか。命令には素直だし、毎日でも射精するくらいですから、真宏の体をもっと利用してやろう。わたしはそんなことを考えていました。

「なめてみたいでしょ？　どこをどうやったらいいのかいろいろ試してみて。もっとも真宏くんはネットで勉強ずみだろうけどね」

さらに足を広げてなめやすくしてあげると、真宏の舌先がベロリベロリと激しく這い始めました。激しいけれど痛いことはなく、ちょうどいい感じです。

「ここには唾液をたくさんつけてなめるのよ。わたしが真宏くんにしてあげたみたいにね。ここは男の子の亀頭よりも敏感なんだから」

クリトリスのことを教えると真宏は言われたとおりにして舌を使いつづけました。

指でもやるように言えば指を使い、膣の中を刺激するように言えば、まったくそのとおりにしてくれるのです。

真宏の刺激でかなり興奮してきた私は、ついに真宏にペニスの挿入を促しました。

しかし真宏はまたモジモジとし始めたのです。理由を聞けば、自分も手や口でペニスを刺激してほしいということです。

「そんなことして出しちゃったら終わっちゃうじゃないの。どうするの？　挿入したくないの。セックスしてみたいんでしょ！」

叱ってやると、ついに真宏はわたしに挿入してきました。

挿入したらしたで真宏はとても気持ちがよかったのだと思います。ウンウンうなり声をあげると、瞬く間に射精してしまったのです。

「もう終わっちゃったんだ。真宏は満足したかもしれないけど、わたしは物足りないままよ。もう一回指と舌でやってくれる。真宏もわたしを気持ちよくしたいでしょ。気持ちよくなってわたしが喘《あえ》いでるとこも見たいでしょ。わたしが満足するまでしてくれないと、この先はもうないかもしれないからね――」

セックスがこれっきりになってしまうと思ったのでしょう。真宏は一所懸命になってわたしの性器を愛撫してくれました。

再び体が高揚してくると、シックスナインを教えてあげました。

「真宏が一所懸命に指を出したり入れたりしてくれれば、お口でもっと気持ちよくしてあげるからね」

「こっ、こうですか」

「一本だけじゃなくって、ほかの指も使って。そっ、そうそう。それにお口でクリトリスを刺激してちょうだい──」

ペニスをわたしに咥《くわ》えられながら、目の前の女性器を刺激するのはとてもおもしろかったのでしょう。真宏は初めてだというのに小器用に舌や何本もの指を使って、ついにはわたしに絶頂感を与えてくれました。

ペニスはまだまだ使い物にはならないけど、指や舌はもう立派なテクニックを覚えたということです。

こうして真宏との体験をすませてからも、わたしは妹のところへの出入りをつづけています。そして真宏は毎日でもわたしと関係したいというそぶりを見せてきます。

それでもセックスはわたしの気が向いたときにだけ真宏を呼び出ししています。性器を突きつければ、わたしをどうやってよがらせようかと、それはもういろいろなことを試してくれます。

つい先日はディルドーの使い方を教えると、まるで挿入する機械にでもなったように、入れたり出したりを延々と文句も言わずつづけていたくらいです。

ご褒美にその日わたしがはいていた下着をあげ、男性用のオナニー器具を与えるとさっそく試してみたようです。そんなことをつづけているから、真宏の成績はいよいよ悪くなる一方で、母である妹の真由美とのコミュニケーションもうまくいっていない感じです。

わたしはこのまま、しばらくはこの関係をつづけるつもりでいます。それは真宏が大人の男として成長するのが楽しみですし、妹との関係がこのままこじれていくのを見ているのがおもしろいからでもあります。

# 息子が童貞に悩んでいると知り
# 母親として覚悟を決めて

東原悦子（仮名）主婦・四十歳

母親にとって子供のかわいさといったら、何ものにも代えがたいものだと思います。

この気持ちは子を持った親にしかわからないのではないでしょうか。

そんな子供へのいとおしさが、本来あるべきではないかたちに実を結んでしまったのです。

わたしには二十歳になったばかりの一人息子がおります。

名前を滋幸《しげゆき》といいます。

「慈」という文字には、母が子を慈《いつく》しみ大事に育てるという意味があるのですが、まさにそのとおりに、わたしは滋幸のことを愛し、それはそれは大切に育ててきました。

それにこたえてくれるように、滋幸もほんとうによくなついてくれ、大学生に
なったいまでもママ、ママと甘えてくれるのです。

そんな息子は世間一般の目から見れば、いつまでも親離れができないといわれ
てしまいそうですが、わたしはそれでもいいと思っているのです。

滋幸がこれほどまでにわたしに甘えるようになったのには理由があります。

それは滋幸がまだ小学校に上がらないうちに夫が亡くなってしまったからです。
夫との死別に、わたしはいっとき生きる望みをなくすほど途方に暮れたことも
ありました。しかし、わたしに抱きつき甘えては胸の中ですやすやと眠る息子の
姿にどれくらい励まされたことでしょうか。

滋幸がいたことで、滋幸がわたしによく甘えてくれたことで、これまでどうに
かやってこれたのだと、わたしは思っております。

母子家庭ということで、学校でいじめにあったり、また運動会や父兄参観日に
はかわいそうな思いをさせました。

そのぶんわたしは、できる限り精一杯の愛情を込めて育ててきたつもりです。

特にわたしが大切にしたのは、滋幸といっしょにいられる時間を少しでも多くつくることでした。

日常の暮らしの中でももちろんそうなのですが、スーパーやデパートへ買い物に行ったり、旅行に出かけるときもいつも滋幸がいっしょでした。

特に旅行は滋幸が小学校へ上がってからというもの定期的にしてきました。

毎年、春先と秋口の二回は必ず出かけるようにしているのです。

滋幸もこれをたいへん喜んでくれ、小学校の高学年にもなると、ガイド雑誌をいくつも買ってきては、

「ママ、今度はここへ行ってみようよ」

などと、率先して行ってみたいところをさがしてくれるのです。

わたしは滋幸といっしょになって雑誌を見たり、またテレビで旅番組をやっていればそれを参考にして、いろいろな場所へと出かけました。

よく行ったのは温泉地です。

滋幸はわたしがお風呂好きなのを知っていて気づかってくれるのです。

家族で貸し切りができるような露天風呂があれば言うことありません。

食事などでそれほどぜいたくはできませんが、いつまでも湯を楽しみ、お互い

に体を洗い合い、それは母子みずいらずという感じでした。

お風呂に入ったときに滋幸のすこやかな成長がわかるのも、母親であるわたしにはうれしいものでした。

年齢とともにどんどん男の子らしくなり、小学校高学年にもなると、おち○ちんに毛も生え、それを見たときには女手一つでよくぞ息子がここまで立派に育ってくれたものだと、涙がこぼれそうになるほどでした。

滋幸もお風呂に入って揃って裸になると、ふだんのときよりもよけいに甘えてくるのです。抱きついてきたり、乳房にふれてきたりと、いつまでも幼児のようで、そんな仕草がかわいく感じられたものでした。

小学生にもなってそんなことをするのはちょっとおかしいかもしれませんが、わたしはそれもスキンシップの一つだと考え、やめるように言ってきかせることはしませんでした。

中学生になると、さすがにわたしのことを異性だと意識し始めたのか、必要以上には甘えてこなくなりましたが、滋幸に体を洗ってもらうことがあると、ふざけるように乳房にふれることもたびたびありました。

「こんなに柔らかい場所は、男の体にはないよね」

「ここは赤ちゃんのものだから、赤ちゃんにあわせてきっと神様がこんなに柔らかくしてくれたんでしょうね。滋幸もわたしのおっぱいがあったから、ここまで立派に育ったのよ」

「赤ちゃんがさわったり吸ったりしやすいように、こんなに柔らかいのかあ……」

そんなことを話しながら滋幸がわたしの乳房にふれる姿は、過ぎ去った幼少のころを思い出させてくれます。

それから今日まで、わたしと滋幸は旅行に出かけ、いっしょに温泉に入るということを欠かさずにつづけてきたのです。

今年もこれまでと同様に、わたしたちは温泉地へ出かけました。

最近のブームで各地には景観のいい露天風呂が数多くできています。

それほど予算をかけなくても、ゆっくりとお湯につかりながら美しい景色を眺め、いつまでも滋幸と二人きりで過ごすことができるのです。

今回出かけたのは山梨県にある風光明媚《ふうこうめいび》な温泉でした。

旅館についてすぐに露天風呂へ二人して行きました。もちろん前もって貸し切りの予約をしておきました。

まだ紅葉が楽しめるまでにはなっていませんでしたが、枯れかかった草木には落ちついた風情があり、谷間を流れるせせらぎと相俟《あいま》って、それは心のなごむものでした。

滋幸も湯につかりながら木々や草花に目をやり、端から見ればそれは大人らしくなった感じでした。

もう二十歳なのですからあたりまえなのかもしれませんが、そんな大人っぽい姿は、自然を愛《め》でる優しい心の持ち主に育ってくれたようで、母親のわたしには実に喜ばしいことでした。

あと数年もすれば、ひょっとしたら滋幸と滋幸のガールフレンドとこうやって温泉に来るようになるのではないかと、そんなことも想像していました。

「あまり長い時間つかってると、湯あたりしちゃうから、気をつけないと……」

わたしがそう言って湯から上がると、景色に目をやっていた滋幸の顔がこちらに向きました。

わたしはそこにこれまでとは何か違う滋幸を見たような気がしました。

言葉には表現しにくいのですが、中学生のとき、わたしのことを異性として意識し始めたころにも似たものを感じたのです。

「あっ、ママ。洗うならぼくがやってあげようか」

「そ、そうね。じゃあお願いしようかしら」

わたしはそう言うと夕オルを滋幸に渡しました。

滋幸はこれまでどおりにわたしの体を洗い始めました。たっぷりと石けんを泡立て、首筋や背中をこすってくれるのです。

先刻の杞憂《きゆう》は思い過ごしだったようです。

滋幸のガールフレンドのことなど考えていたばかりに、わたしの気持ちは何かよけいなことにまで及んでいたようです。

そうしているうちに滋幸のタオルを持った手が乳房にふれてきました。

乳首から乳房の下側まで滋幸の手は丹念に動いていました。

これもいつものことです。わたしはそう思いながら腕を伸ばし洗いやすくして、滋幸に身をまかせていました。

しかし乳房にある手は、そこからなかなか離れようとしません。いつもなら一とおり洗うと腹なり腕のほうへなりと移っていくはずなのですが。

「どうかしたの？　滋幸」

そう言って表情をうかがったのですが、何か目つきが険しくなったように感じられました。

「もう、そこはいいから……」

そう手を振り払おうとしたのですが、

「ちょっともんでもいい？」

そう言うと滋幸は両手を使って、乳房をもみ始めたのです。

これまでもふざけ合ってもむ仕草をすることはあったのですが、そのときとはあきらかに様子が違います。

「ちょっと、いい加減にしなさい」

「乳首を吸ったらダメ？」

「そ、そんなこと……」

滋幸は風呂桶を取ると、湯をすくいわたしにかけてきました。乳房についていた泡を洗い流したのです。

「赤ちゃんのころは、いつもチュウチュウしてたんだよね」

「ダメッ、滋幸！」

滋幸が乳房に吸いついてきました。わたしはもがくように滋幸の体を押しのけようとしました。

その途端、滋幸は勢いよく立ち上がったのです。

わたしの目の前に彼の股間がありました。まったく気がついていなかったのですが、そこは力強く漲《みなぎ》っていたのです。

わたしは初めて目にする息子の勃起したペニスに言葉を失いました。

子供のころは朝の着替えを手伝うときによく目にしたのですが、大人になった滋幸のペニスを見るのは、まったくもって初めてのことだったのです。

「学校の知り合いはみんなとっくにセックスしてるんだ！」

怒鳴るようにして滋幸が口を開きました。

「中学のときに初体験したやつもいるんだ。大学だとみんなセックスを経験してるんだ！」

滋幸がわたしの顔に向かって股間を突きつけるようにしてきました。口での行為を強要してきたのです。

「なのに、どうしてぼくだけがセックスを知らないんだ！」

「シ、シゲッ、ウウッ、ググッ……」

「これはみんなママのせいだ。ママがこんなふうに育てたから、ぼくはセックスを知らないんだ。大学生になって童貞なのは、ぜんぶママのせいだ！」

「フグッ、ウググッ！」

滋幸のけたたましい声が響き渡りました。

同時に張りつめたペニスはわたしののど元まで深く突き立てられました。

「グググッ……」

息苦しくってなりません。窒息してしまいそうでした。

「ママ、フェラチオだ。セックスの前にこうやってやるんだろ！　ぼくだってセックスの知識はあるんだ」

滋幸がわたしの頭をつかむと、腰を前後に動かし始めました。

「グググウ、アグググウ」

このままではどうにもなりません。苦しくて、しまいには歯を立ててしまいかねません。

しかし滋幸は加減することなく、わたしの口に向かってペニスを突き入れてきます。

わたしは苦し紛れに滋幸の腰をつかむと、突き放すように押しました。

「ああっ！」

ペニスは口から出たのですが、わたしは苦しくって咳《せ》き込んでしまいました。

「ゲホッ、いっ、いい子だから。お願いだから……」

わたしがあまりにも苦しそうなので滋幸も一瞬怯《ひる》んだようです。すぐに何かしてくることはありませんでした。

「滋幸がしたいのなら……ママが……」

このまま同じようにされたら、滋幸の大切なものを傷つけてしまいかねません。わたしは覚悟を決めました。

「なんだよ、ママ。どうするっていうんだよ！」

滋幸は自分の思いどおりにならないことが腹立たしいようでした。ペニスはそり返ったままです。

「ママが……、お口でするくらいなら。それくらいならしてあげるから……」

わたしは這《は》うようにして滋幸に近づきました。

そしてペニスに手を添えると、すばやく口に含んだのです。

「うおっ、ううう……」

滋幸も自分でオナニーくらいはしていたのでしょうが、他人に何かされるのは初めてのはずです。途端におとなしくなりました。

わたしは滋幸のペニスに舌を巻きつけるようにして刺激しました。

「おおおっ、マッ、ママッ。ああう、ママッ……」

初めて経験する口での行為が滋幸には刺激が強すぎたに違いありません。足腰の力が抜けたようになり、ヘナヘナとその場に座り込んでしまったのです。

わたしはこのまま射精させてあげれば、滋幸はおとなしくなってくれるに違いないと思いました。

暴力に訴えるような子ではありません。ただ今日の滋幸が、何かしらおかしいだけなのです。

「ううっ、あああっ。き、気持ちいいよお、ママッ。おおっ、ママッ！」

わたしは少しでも早く射精させてしまおうと、頭を激しく上下させていました。

「あああっ、ママッ！」

このままならすぐにでも射精させることができる。わたしはそう思っていました。

しかし、彼はわたしの髪の毛をつかむと、それ以上刺激することをやめさせたのです。

「ああっ、このままだとダメだっ、口なんかでごまかされたくないんだ！」

滋幸がわたしの脇に手を入れると、体を持ち上げるようにしてきました。

「口じゃあダメだ。セックスをするんだ！　童貞はイヤなんだ！」

わたしは力任せに押し倒されました。

「ママのおま○こを見せろ！　股を開いて見せるんだ」

「やめなさい。滋幸、やめてっ！」

滋幸は強引にわたしの足をつかむと広げてきました。

「ああっ、滋幸――」

わたしは恥ずかしさのあまり股間を手で隠しました。

「手をどけて見せるんだ。ママのま○こを見せろ！」

滋幸の視線があの部分へ突き刺さるようです。

わたしはここまで来たらもう観念するしかないという気持ちで、おおっていた手を離しました。

「オオッ……」

驚きともいえる声が滋幸の口から聞こえました。

顔が股間へと近づいてきました。わたしは恥ずかしさのあまり手で顔をおおっていました。

「こんなふうになってるんだ。ふーん……」

ぼそぼそひとり言をつぶやきながら、滋幸の指が秘所を這いまわっていました。押してみたり引っぱったりしているのです。

わたしはその様子を恐る恐る、おおった指の間からのぞき見ました。

滋幸に性教育のようなことをしたことはありません。そんなことは年齢とともに自然に覚えるものだと思っていました。

過保護に育てたものの、十分なスキンシップはしてきたので、まさかこんなことになってしまうとは予想もしていませんでした。

わたしは滋幸の性的な発育を、今日のこのときまで、母親として考えていなかったことを悔やみました。

「ここへ入れるの？」

滋幸の指先が秘所の中へ入ってきました。

「あっ、シ、シゲ……」

「ママのここへ入れればいいの？」

指は中がどうなっているかを探るように動いています。

「ああう、そんなことをしたらダメッ」

「ヌルヌルだ。すっごくヌルヌルだ。ここに入れたらそりゃあ気持ちがいいだろうな。そうなんだろう、ママ！」

「あっ、そんなふうにしたらダメー。お願いだから、アアッ」

夫と死別して以来の刺激でした。

オナニーをすることはありましたが、それとは全然違います。

そこで動いているのは血の繋《つな》がった息子の指で、わたしの指ではないのです。

「ああっ！」

体がビクリと震えました。

感じてしまったのです。滋幸が膣の中へ指を挿入したことで、わたしの女である部分が自然とうずいてしまったのです。

「あっ！　はあっ！」

滋幸の指が、もうこれ以上は無理というくらい奥まで入って動いています。

わたしはこのまま滋幸と一つになってもかまわないとさえ思ってしまいました。遠いどこかに忘れていた感覚が、突然呼び覚まされたような気がしたからです。

「シ、滋幸ッ。ママとしたいのなら、そこに差し込んでちょうだい。滋幸の硬くなったものを……」

わたしは苦悶《くもん》に体を震えさせながらなんとか口にしました。

「初体験がママでいいのなら、そうして……いいから」

滋幸の指が引き抜かれました。

「はうっ」

滋幸は指先を眺めたり付着したものの匂いをかいでいます。

わたしはその場所に体を横たえ、滋幸を待ちました。

こんなかたちで、息子にこれまでそそいできた愛情が結実してしまうのならばそれでもかまわないと、わたしは覚悟を決めました。

あたりは静まりかえったようでした。谷底のせせらぎが遠くに聞こえています。

滋幸は指を口に入れて、ついていたものをねぶり取ると、体を近づけてきました。

硬く変貌した滋幸自身がわたしの秘所に添えられました。

わたしは緊張しながら身構えました。

「あはうっ！」

あそこにグイッとした感覚がありました。

次の瞬間、滋幸は勢いよくわたしにおおい被《かぶ》さってきたのです。

「あああああ、ママッ！」

「シ、シゲユキッ！」

挿入を完全にすませると、滋幸が腰を揺らし始めました。

ぎこちないのですが、わたしの中に硬くなったそれが挿入されているのです。

「ママッ、とっても気持ちいい。ううっ、とっても気持ちいいよっ！」

「ああ、滋幸。ママもいいっ、とってもいいわよ」

「ママ、ママッ！」

滋幸が胸に顔を埋《うず》めてきました。

乳首に吸いつくと、すごい勢いで吸っています。

「アアッ、じょうずよ。滋幸、とっても気持ちがいい」

「ハハウ、ハハウ」

滋幸はわたしの乳房に、まるで赤ちゃんがお乳を吸うように吸いつきながら、小刻みに腰を動かします。わたしにとっては十数年ぶりのセックスです。

ペニスの感触も乳房への愛撫も、もうとっくに忘れてしまったかと思っていたのですが、そんなことはありませんでした。

女の歓びを知った当時のことが、心の奥底からよみがえってくるようです。

「あぁっ、滋幸。ママ、気持ちがいいの」

わたしはペニスがもっとほしくって、いつのまにか滋幸にしがみついていました。体や腰の部分を密着させることで、奥深くまで感じることができると思ったのです。

それはほとんど無意識の行動でした。

快楽ほしさに、あまりの気持ちよさに、女である部分が勝手に求めていたのです。

「ママッ、ママッ……」

滋幸は何度も抜き差しを繰り返していました。そして次第に、腰の振りを激しくしていきました。

乳房にずっと吸いついたままの滋幸は、片方の手で空いているほうの乳房をグイグイともみしだいています。

「あぁっ、おおおっ……。シゲッ、滋幸ッ！」

わたしは快感に捕らわれていました。

息子の名前を呼びつづけることで、かろうじて母である意識を保っていたのだと思います。

快感がどんどん大きくなっていきます。芯から突き抜けるように高まっています。

「ママッ、ママッ。ああっ、気持ちがいいよ。チ○チンがとけちゃうよ」

乳房から唇を離すと、滋幸がうめきました。

腰の動きがどんどん速くなっています。

「ああっ、そのままじゃあ、ダメ。出したらダメッ！」

「あああっ、スゴイよママ。チ○チンがとろとろだ。とろとろだ。ウッ、ウグウ」

滋幸が大きく腰を突き出しました。

「ああっ、シゲッ！」

わたしはひきつったように声を失っていました。

「ウッ、ウッ。ウウウッ」

ズン、ズン、ズンと滋幸が三度にわたって、ゆっくりと大きく腰を突き出しました。

射精したのです。最後の一滴まで出し尽くすつもりで、大きく腰を動かしたのです。

「ああっ、ああああっ。ママ……」

滋幸はわたしの体の上に突っ伏してきました。残らず出し尽くし、グッタリとなったのです。

わたしはずっと忘れていた女の歓びのようなものを、あらためて感じていました。

しかしそれと同時に、こんなかたちで息子と関係してしまったことで切迫した気持ちに襲われていました。

もっとも恐れたのは、止めることもできず、そのまま膣の中で射精されてしまったことでした。

わたしは滋幸の体を押しのけると、すぐに湯の中に体を浸《つ》けました。

そしてしゃがむと、足を開き気味にして膣の中を指先で割り広げるようにしました。

中に残っている精液を温泉の熱でどうにかしなくてはと考えたのです。

二本の指を入れ、中からかき出すようにしました。

湯船には白く濁ったかたまりがいくつも浮いていました。

生理の少し前だったということもあり、数日後には無事だったことがわかるのですが、そのときのわたしは、万が一ということが頭をよぎり気が気でない状態だったのです。

滋幸は初めてのセックスに満足したのか、それからは上機嫌でした。

その夜、床でも求められたのですが、これ以上無秩序に交わるのはよくないと思い、

「ママがお口とお手々でいい気持ちにしてあげるから、いまは、それで我慢してちょうだい」

と納得させて、セックスには及びませんでした。

しかし、翌日、旅行から帰ると、

「ママ、したい。セックスしたい」

と、すぐにせがまれました。

わたしはそれを予想していたので、避妊具を帰り道にこっそり買っておいたのですが、それが役にたちました。

その日から滋幸に性教育を始めたといってもいいのかもしれません。

予想もしないかたちで、わたしの愛情は実を結んでしまいましたが、それはそれでいいのだと、自分に言い聞かせています。

そしてわたしは滋幸と床をともにするときには、母親であることをきれいさっ

ぱりと忘れ、ただの未亡人なのだと割り切って、ことに及んでいるというようなありさまなのです。

# 一目で好きになった叔母の大きな乳房にふれてみたくて迫ると

内海太郎（仮名）会社員・二十七歳

俺がまだ大学生だったのときの話だ。

当時、俺はまだ童貞。でも、女には興味津々だった。特に俺は、巨乳に興味があり、巨乳アイドルの写真を使ってオナニーをするのが大好きだった。それは、たぶん母親を子供のころに亡くしたのが関係していたのかもしれない。

そのぶん叔父が俺をかわいがってくれていた。ところがその叔父が結婚したのだ。それも、俺と十歳も歳が違わない女の人だった。まだ学生の俺からしたら九歳上はけっこう大人なんだが、俺はむしろそのくらいの年ごろの女性にあこがれることが多かった。

しかも、〝叔母〟となったその人、志穂《しほ》さんを、俺は一目見て好きになってしまったのだ。

それは、歩くたびに胸がゆさゆさと揺れるほど巨乳だったからだ。もちろん顔つきも俺好みの美形。

叔父の家は、電車で二時間くらい離れたところにあった。結婚と同時に引っ越したのだ。それでも俺は、あの大きな胸が見たくて、ときどき訪ねていった。

そして、いつかあの胸をさわってみたいと思い始めていた。

そんなとき、叔父が海外に赴任することになった。しかし、子供が生まれたばかりの叔母はこっちに残ることになった。慣れない初めての子育ては、住み慣れた場所のほうがいいだろうという理由のようだった。

でも、俺にはちょっとだけ心配があった。それは、いくら叔母とはいえ、血のつながりはない女一人の家に、甥とはいえ、男一人で行くのはまずいのではないかと思ったからだ。

しかし、その問題もあっという間に解決した。叔父が帰ってくるまで、叔母の母親が同居することになったのだ。

なんとなく邪魔な気持ちはあったが、とりあえずこれまでのように訪ねていっても差し支えないという点で、俺には好都合だった。

彼女も俺のことは気に入ってくれていたようだ。叔父と顔がよく似ているからだそうだ。叔父がいない間、俺に会うと安心するのだそうだ。そのせいか、いつもやさしくしてくれていた。

その出来事があった日、俺は泊まりで遊びに行っていた。運命の時間が来たのだ。

いまでも、その日のことを思い出すと、うれしくてみんなにしゃべりたいくらいだけど、もちろんそれはできない。

叔母の母親が眠った後のことだった。

叔母は、いつも寝酒を飲んでいた。

俺はふだんは酒を飲まないのだが、その日は、少しだけならと、いっしょに飲んだ。もちろん、酒を飲むのは計算のうえだった。酔った勢いで、叔母を襲ってしまおうと思っていたのだ。

でも、そううまくはいかなかった。酔いが回って自分のほうが眠ってしまったからだ。

叔母が介抱して、寝かしつけてくれた。

夜中、目が覚めたら、ベッドに寝かされていた。一度目が覚めてしまうと、なかなか眠りなおすことができない。寝返りを繰り返していたら、叔母が加減を見に来た。パジャマ姿だった。

叔母も寝ようとしていたのか、ブラジャーを取っていることが胸の揺れではっきりわかった。大きな胸がゆさゆさと揺れている。俺は、それを見ているだけで勃起してしまった。

俺は、思わず叔母に抱きついていた。

「あら、どうしたの？　まだ酔ってるの？」

叔母は、俺がまだ酔っていると思ったらしい。拒否もせずに黙って抱きつかせたまま俺の背中をぽんぽんと叩《たた》いたりしている。

「叔母さん……」

俺は、とうとう押し倒してしまった。

「俺、ずっと前から叔母さんのこと好きだったんだ」

俺は、叔母の耳元にささやいた。

大きな声を出すと別の部屋で眠っている叔母の母親が起きてしまうかもしれない。できるだけ俺は、叔母の耳に口を近づけてささやいた。

叔母は、それがくすぐったかったのか、うふふと笑みを浮かべた。俺にはその顔が、何をしてもいいわよ、と言っているように思えた。

「叔母さん、おれ、おれ……」

なにをしゃべっているのかわからなかった。

叔母の口元からは、寝酒の匂いに、ちょっとだけ女の匂いが混じっていた。

「どうしたの？　寝なさい」

叔母は、そう言いながら俺の耳元にキスをする。

全身が弾ける思いだった俺は、叔母が着ているパジャマの胸のすき間に手をもぐり込ませた。いきなり乳首にふれた。気のせいか、硬くなっているようだった。

「ああ……」

叔母の口から喘《あえ》ぎが洩《も》れた。

俺は、叔母にキスをしながら胸をもみしだく。彼女の口臭がつんと鼻の中に入ってきたが、そんなことはどうでもよかった。とにかく俺は、大きな乳房にふれてみたかったのだ。

「あ、なに、なにするの、やめて……」

叔母は、驚いて体をねじりながら俺の手から逃げようとする。しかし、思っていたよりも抵抗しない。俺は勢いづいた。

「叔母さん、おっぱい、おっぱいしゃぶらせてください」

俺は、パジャマの前を引きちぎった。

「あ、だめ、だめよ、そんな……た、太郎《たろう》君……」

名前を呼ばれたことで俺はますます興奮してしまった。

ボタンがちぎれ、手前がはだけた。夢にまで見た大きなおっぱいが目の前に現れた。俺は、はっきり見たくてかたわらにあったライトのスイッチを押した。薄いピンクのパジャマの胸元から、大きくたわんだ乳房がポロンとこぼれているのがわかった。

「ああ、大きくてかっこいい……」

俺は、そんなことをつぶやいたと思う。それは心からの思いだった。夢にまで見た叔母の乳房だ。

「太郎君、なにするの？　だめよこんなことをしちゃ」

叔母の言い方に迫力がない。酔っていることが要因だろうか、それともどこかでこんなことを求めているのか。

俺はまったく躊躇《ちゅうちょ》なく、おっぱいに吸いついた。乳首が、俺の口の中でしこり始めた。

硬い乳首だ。もっと柔らかいのかと思っていたから新しい発見が俺はうれしかった。

「志穂さん、気持ちいいでしょう?」

俺は、叔母の顔を見た。

「ああ、いやだ太郎君……志穂さんだなんて……」

叔母は、悦んでいるようだった。叔父がいなくて一人寝がさびしかったのかもしれない。

そう思うと俺は、さらに大胆になった。せめて上半身を裸にして、抱きつきたい、そう思ったのだ。が、最初、さすがに叔母は抵抗していた。しかし、それもやがて力つきたようにだらりと全身が柔らかくなった。

「太郎君……」

叔母の声には甘えのようなものが入っている。俺はその声を聞いて、これはもう大丈夫だと思った。

「吸っていい?」

「いいわ、いいわよ、いっぱい吸って、なめて」

叔母はそう言って、俺に抱きつく。

「ああ、いい、そう、やさしくなめるのよ」

叔母は、胸を前に突き出すようにして俺の舌を楽しみ始めた。俺は舌を丸めて、その中に乳首が入り込むように吸いつく。硬いしこりになった乳首は、コリコリとしている。俺は、思いっきり吸い上げる。

「太郎君……手でもんでちょうだい」

俺は、叔母の乳房を下からすくい上げるように持ち上げた。ぷっくりとした感触が手に吸いつくようだ。重みのある叔母の乳房を力を入れてもむ。

「はあ……いいわ、気持ちいい」

叔母の体から力が抜け、柔らかくなり俺に被《かぶ》さってくる。全身の緊張が抜けていくのがはっきりわかる。同時に叔母の体から、女臭さがただよってきた。

「私が上になるわ……」

叔母は俺の体を押さえつけるようにして、抱きついてきた。掛け布団がくしゃくしゃになり始めた。

「ほら、これでどう？」

叔母は、俺の目の前に乳房を差し出す。俺はそれをまた口に含む。下から含む乳房はだらりと伸びたように感じた。

俺は乳首をなめ回す。もう一方の乳房をもみながら、ときどき乳首をきゅっと絞り上げる。

「あ、ああ、いい、気持ちいい。ねえ、名前もっと呼んで」

叔母はそうつぶやきながら、どんどん手が下に降りてきた。俺のモノをつかもうとしていることがわかる。

「太郎君のココさわりたいの」

「あ、あ、はい……志穂さん……」

俺は間抜けな返事をするだけだ。

「硬くなってる？　ねえ、もう大きくなってるんでしょ？」

叔母は、俺に向かってしゃべるというよりは自分の気持ちを昂《たかぶ》らせるためにつぶやいているような感じだった。

「はい、叔母さんの、志穂さんの手でいじってほしいです」

「わかるわあ、若いからすぐ硬くなるのよね」

叔母だって十分若い。俺は、叔母の乳房をもみながら、今度はもっと下のほうに手を伸ばしてみたいと思っていた。

「あ、ああ、志穂さん……」

叔母の手が俺のパンツをおろした。

とうとう俺の勃起したものにふれた。思ったより小さな手だった。その手に俺の勃起が包まれる。ただ包まれたのではない。手のひらがクルクル回りながら、俺の亀頭の先端を刺激してくる。

「まあ、もうねばねばしている……」

叔母の声はうれしそうだ。

「は、はい……」

俺はなんて答えたらいいのかわからないまま、叔母の手の動きを気持ちよく感じていた。叔母は、鼻から声を洩らすような喘ぎ声をあげて、俺のモノをいじりつづけている。俺は俺で叔母のたわわな乳房をずっともみつづけている。

狭い部屋の中、二人のはあはあという喘ぎの音がかすかに響いていた。

男と女のことなど俺は初めてだったので、こんな声が洩れるとは思ってもおらず、それがまた俺の官能への気持ちを昂らせる。

「志穂さん、気持ちいいです」

「そう、私も気持ちいいよ、じゃあ、これ、どう？」

叔母はそう言うと、それまでクルクル回していた手のひらに力を入れてギュッと握ってきた。竿の部分を握られた。さらに今度はこすり、しごきだしたのだ。

「ほら、どう？」

「気持ちいいです」

俺は素直に答えた。ほんとうに気持ちよかったのだ。叔母の手は小さいが、こすり始めると大きく感じられた。

「叔父さんにも、こんなことしてるんですね」

俺は、ちょっとだけ嫉妬《しっと》した。

「ふふ、バカねえ、そんなこと気にしないの」

叔母は含み笑いをしながら、顔を下のほうにおろし始めた。俺は、叔母が何をしてくれるのか想像した。それだけで勃起の硬度が増しそうだった。

「もっと気持ちいいことしてあげるね」

叔母は俺の言葉を笑い飛ばしながら、どんどん顔を下半身に移す。手で握ったまま、しごきながら俺の勃起の上に叔母の顔が被さってくる。

「あ、ああ……志穂さん、気持ちいいです」

叔母が俺の勃起を含んだ。その瞬間がはっきりと俺の目に見えた。おちょぼ口で、ぬれた唇の中に埋《うず》まっていくのを見ていたら、俺は、それだけで出そうになってしまった。

「う、うぐ、うぐっぐ、どう？　これ、どう？　気持ちいい？」

叔母は饒舌《じょうぜつ》だ。

「はい、もう出ちゃいそうです」

「あら、そう、若いからねえ、うふふ」

叔母は楽しそうに俺の勃起をなめ回す。

「あ、志穂さん、だめ、もうだめです」

叔母の唇の中は温かく、ヌルヌルした感触。なんとも言えず、気持ちがいい。

それに叔母の舌で亀頭から竿までをなめ上げられ、なんとも言えない快感だった。

言葉では言い表せない気持ちよさが俺の尻のほうからせり上がってきた。

「あ、出ます、志穂さん、出ちゃうよ！」

「いいわよ、ほら、ほら、イッちゃいなさい」

叔母は顔を上げ、手を使って急激に速くしごきだした。

「ほら、ここさわらせてあげるから」

叔母の手が俺の手を取り、股間に導いた。

「なんか、なんかヌルヌルしてますよ、志穂さん」

「あら、そう？　ふふ、じゃあ太郎君のチ○チンなめてそうなったんだわ」

俺は、叔母のヌルヌルしたワレメの中にぐいと指を差し込んでみた。そこは、いままでふれたことがないような感触を俺の指に与えた。ただぬれているだけではないということを初めて知った。

「締まる、締まってくるよ、叔母さん、あ、志穂さん」

俺は、こんなにアソコの中が締まるものとは思ってもいなかった。膣の中に俺の指にまつわりつくようなヒダがあるので驚いた。

だけど、そんなことを楽しんでいる時間はすぐ終わってしまった。

「あ、で、出る！」

俺は、あっという間に叔母の手で射精してしまったからだ。

「あ、もったいない、もったいない」

叔母は、そんなことを言いながら、俺の先から出た精液を飲み込もうとしている。まさか、叔母が精液を飲むとは思ってもいなかったので俺は驚いた。

「志穂さん、そんな、汚いよ」

「汚くなんかないわよ、きれいよ、ほら、ね」

そう言いながら叔母は、とびとびに散っている精液を舌でなめ、すくい取っている。ペロリと舌でなめ上げるような仕草をしながら、口の中に運び、それを飲み込む。俺は、そんな叔母の仕草を見ているだけで、興奮してペニスが大きくなるのを感じた。

叔母は、そんな俺を見て、ふっと笑みを浮かべて、俺の下半身の上にまたがり始めた。

「太郎君、初めてでしょう?」

「はい……」

「そう、じゃあ、私がリードするからね」

叔母はささやきながら、俺の体をまたいだ。

「これがね、叔母さんの、志穂のアナの中に入るのよ、見たいでしょう?」

「あ……はい、見えますか?」

「ほら、ちょっとだけ体を起こすといいわ」

叔母はそう言いながら、俺の勃起をつかみ、自分のアナの中心部に運んでいった。俺の亀頭の先端に、ヌラリとした感触が伝わってきた。もっと温かいのかと思っていたが、予想より冷たい感触がしたのは俺が興奮しすぎていたからかもしれない。たぶん、ぬれた感触でそんなことを思ったのだろう。

叔母は、股を開いてつま先立ちをしている。相撲取りが拍手《かしわで》を打つときのような格好だ。

俺の目に、叔母の黒い陰部がはっきり見えた。ワレメも見えた。そのワレメはどことなくヌメヌメと光って見える。

叔母が、静かに体全体をおろす。

尻の間に俺のモノが埋まっていくような感じがした。

「ほら、いまから入るわよ。志穂のここに入るところちゃんと見てるのよ」

叔母が、大きな乳房を揺らしながら、尻をおろしていく。亀頭の先端がグニャリと何か柔らかい液体を混ぜたものの中に入り込んでいくような感触で埋まっていく。

アナの中にすべてが埋まった瞬間、俺の竿の部分に力が加わった。締めつけられたのだ。いままで経験したことのない快感が俺の全身を走っていく。俺は体が震えそうだった。

叔母が全身を動かし始めた。

「太郎君、どう、気持ちいいでしょう?」

叔母が体を動かすたびに大きな乳房がゆさゆさと揺れる。音が聞こえてきそうなほど叔母の巨乳がぶるんぶるんと上下に揺れる。俺は、その揺れ動く姿を見ているだけでも満足だった。

「あ、はあ、はあ、あ、んああ」

叔母はいろんな喘ぎ声をあげながら、体を前後に揺する。

そのたびに、乳房は揺れるのだ。俺は、なんと言っていいかわからないほどうれしくなっていた。俺は、思わず乳首に手を伸ばした。

「志穂さん、俺、ここつかんでいいですか?」

「あ、ん、いいわよ、もっと起きて、なめていいわよ」

叔母は、そう言いながら俺の頭をつかんで俺の体を引き起こした。それまで女上位でやっていたのが、座った形に変化したのだ。俺は体を起こすと、そのまま叔母の乳首に唇を当てた。

「吸って、もっと吸って」

大きな乳房にくっついているのだから乳首も大きいのだろうと思っていたが、ちょっと陥没しているような乳首だった。俺は唇で吸いながら、舌でペロペロと押したり、斜めに倒したりする。叔母の声はいままで以上に大きくなる。別の部屋に寝ている叔母の母親に聞こえはしないかと思うと気が気ではないが、本人はまったく気にしてないようだ。

俺は、二つの乳房の真ん中に顔を埋めた。ぷくぷくとした感触が俺の頬《ほお》を包む。

「志穂さん、俺、すごく気持ちいいよ」

巨乳の叔母のおっぱいに顔を埋めている。そう思うと、なんとも言えない幸せな気持ちになることができたのだ。この気持ちを誰になんて伝えたらいいのだろう。俺は大きな声で、そのときの気持ちを叫びたいと思うほど幸せだった。

「突いて、下から突き上げて、太郎君」

叔母は、お尻を前後に揺らしながら、俺にも動くようにささやいた。

「あ、はい、こう、こうでいいですか？」

俺は、どうしたらいいのかわからず適当に腰を揺らした。陰毛が絡みつきそうになったが、俺はそれでも前後に動かした。尻がシーツにこすれてちょっと痛かったが、そんなことはどうでもいい。

俺が動くたびに、叔母の膣の中は、いろんな締めつけをしてきた。

「志穂さん、俺の先に何かがくっついていています」

「それは、子宮に届いているからよ」

俺のカリの先端が！　俺の持ち物はそんなに大きいのかとちょっとだけ自信がもてた。俺は休みなしにガンガン動いた。叔母も俺の膝の上に座った格好で尻を前後に揺らす。二人の性器から溢《あふ》れてくる液体で、俺の内腿はビチョビチョになっていく。

部屋には、二人のいやらしい体液の匂いが充満している。

「ああ、太郎君、なんだか、志穂、おしっこしたくなったわ……」

「え？　おしっこ？」

俺は呆然《ぼうぜん》とした顔つきをしていたことだろう。セックスをしている間におしっこがしたくなるなんて聞いたことがなかったからだ。

「ねえ、ここでしちゃっていい？」

俺はなんて答えたらいいのかわからず呆然としていた。

「それとも、太郎君……志穂のおしっこ飲む？」

まさか、と思ったが、叔母の顔は本気だった。でも俺は、嫌々をするように首を横に振った。叔母はその仕草を見て、ふっと笑いながら、

「そうよね、初めてだものね、じゃ、いいや、このましちゃうから」

まさかと思ったが、俺の内腿に生温かい液体が流れ始めた。そんな器用なこと

ができるのだろうか。男と女は構造が違うのだろうか。俺はいろんなことを考えながら、生温かい水洩れを膝で受けていた。叔母はおしっこをしている間、とろんとした目つきで、俺の顔を見ていた。

まさか叔母にそんな性癖があるとは思ってもいなかったが、俺は、なんとなく楽しかった。それだけ、叔母は俺に心を許したということになるからだ。叔母のおしっこは思ったほどの量ではなかった。ちょっとだけシーツが汚れたくらいで収まった。

「ああ、すっきりした、さあ、中で出していいわよ」

叔母はほんとうにすっきりしたような顔つきで俺を見つめた。うっとりした顔は、なんとも言えない表情だった。俺は、もう一回射精できる、我慢する必要はないのだと思ったらそれだけでイキそうになってしまった。

「おいで、太郎君……」

叔母は、俺を抱えたまま後ろに引っくり返った。俺は、叔母の体を抱えておおい被さる形になった。二人は、それでも繋《つな》がったままでいた。どたんと音がして、二人は倒れ込んだ。一瞬、ペニスがはずれそうになったが叔母がつかんで奥に押し込む。

「太郎君、気持ちよくさせてね、あなたから誘ってきたんだからね」

俺はうなずくと、おしっこの匂いをさせた叔母の内腿をつかんで大きく左右に開いた。俺のモノが入り込んでいる場所がモロ見えになった。黒いワレメの中心に俺のかたまりが突き刺さっている。ぬめっとした光が入り口の周りをテカテカさせている。

俺が腰を動かすたびに、ネチャネチャと音が聞こえて、俺はあまりの音の大きさに驚いていた。これがセックスなのか。

叔母は、下になりながらも腰を動かす。そのたびに、俺をこすり上げるので、思いもよらない場所がこすれて、快感が伝わる。オナニーとは異なる快感が俺の全身を駆けめぐり、一回射精をしているとはいえ、我慢できなくなった。

「志穂さん、おれ、だめ！」

俺が叫ぶと、叔母は腰を振りながら、

「だめだめ、もっとよ」

と叫びつづけている。でも、俺は限界を超えていた。尻のほうから上がってくる快感を止めることはできなかった。

「志穂さん、おれ、ほんとうにだめです」

俺は、動きを止めて思いっきり叔母の中に爆発させた。二回目だというのに、自分でもかなりの量が飛んでいることが感じられた。

「あ、出てる、出てる……」

俺は妊娠してしまうのではないか、と思ったが、叔母はそんな心配はしていないようだった。自分の中に飛び出す俺の精液の勢いを楽しんでいる。

俺は、叔母の体をしっかりと抱きしめながら、射精を繰り返していた。叔母の顔を見るとうっとりしているから、彼女も絶頂を感じているのだろうと思い、けっこういい気持ちだった。

「だめ、まだ離れないで」

叔母はずっと俺の体に抱きついたままだった。膣がヒクヒクする。俺の分身は小さくなりかけているというのに、それでも締めつけてくる。キュッと締めつけながら、吸い込もうとする動きを感じることもできた。女の器官というのはすごいものだとそのとき思った。

叔母とはそれ以来、二度ばかりセックスを楽しんだ。終わりが来たのは、叔母が叔父のいる海外に行ってしまうことになったからだ。

「太郎君、ごめんね。今度会えたら、またしようね。お父さんに内緒で。ふふ」

叔母が日本を発つとき、そんな言葉をくれた。俺はうれしかったが、もう、叔母の大きな乳房に顔を埋めることができないのかと思うと、うれしさも半分だ。

叔母からは、ときどきハートマークつきのメールが来て、遊びに来るように誘われている。できることなら、遊びに行って、あの大きなおっぱいに顔を埋めたい。そして今度は、パイズリをしてもらおうと思っている。

# 息子が連れてきた女友達への嫉妬から自分の体で初体験に導こうとする母

甲斐美和子（仮名）主婦・三十九歳

まだ大人にはなりきっていないペニスに手が添えられると、和司《かずし》の表情は見る見るうちに、ひきつったように変わりました。

「うう、あああ……」

無理もありません。息子の和司はまだ十六歳で、高校生になったばかりなのです。性的な経験はまるでないのです。

ペニスに添えられたその手は、まだ小さくて幼い感じのものでした。和司と同年代の女の子の手のようです。

ですが、すでにいくらかの経験をしているように、ゆっくりとゆっくりと、もったいぶったように動いています。

「あはあっ、うわわっ」

和司の表情がどんどん険しくなっています。

それを楽しむかのように指先はペニスにまつわりつき、執拗《しつよう》に動いています。

「ああっ、あああっ。あはっ！」

和司の表情がゆがみました。

次の瞬間、小さな手の中におびただしい白い液体を吐き出しました。

和司はあまりのことにこらえることもできず射精してしまったのです。

「ふふっ……」

それがおかしかったのでしょうか。和司をもてあそぶ少女は唇をゆがめたようでした。

あっという間に、和司を射精へと導いたことに満足したに違いありません。一人の男をいとも簡単に絶頂へ到達させたのです。

これでこの男は自分の思いどおりになるとまで思ったのではないでしょうか。

「キスしていい？」

「えっ」

「キスさせて」

声とともに、和司の唇がふさがれました。

「ンン、ンングッ」

咽《むせ》ぶような音が和司から洩れています。

奥深くまで舌を入れられて苦しいのか、それとも初めてのことに驚いてしまったのか、呼吸を乱しているのです。

手が再びペニスに添えられると、リズミカルに動き始めました。シュッシュッという感じでしごくようにしています。

キスとその刺激のせいで、和司のペニスは再び大きくなっていました。

「もう、元気になったんだね。私がほしいでしょ。私と一つになりたいでしょ?」

和司の唇をふさいでいた口からそんな言葉が洩れました。

和司の体が震えています。これから起こることを思い緊張してしまったのか、おびえるように震えているのです。

和司はベッドで何もすることができずにあおむけになったまま体を横たえています。

ペニスを捕らえていた手は動くことをやめ、挿入しやすいようにと、その方向を定めています。

そこへ女性器が近づいてきました。

和司の顔が急激にこわばります。

「一つになるよ。こうやってここに入れて……」

ペニスがズブズブと女性器の中へ収まっていきました。

「ううっ、うううううっ」

気持ちがいいのか、その表情があらためてゆがんだように変わっていきます。

「ああっ、和司クン、入っているよ。私の中に全部入っているよ。ああ、和司、和司、和司。私のかわいい和司！」

陶酔するような声が聞こえると、和司を受け入れた腰がウネウネと動き始めました。

「ああっ、私の和司ィ！」

そう悦んで叫ぶ少女はいつのまにか、この私にすり替わっていました……。

私は大切な息子がどこの誰ともわからない女の手にかかって、性的な体験を重ねる様子をあれこれと想像してしまうのです。

そしてその最後には、母である私自身が和司と一つになっている姿を思い描いてしまうのです。


こんな淫らな想像をしてしまうようになったのは、和司が中学二年生のときに女の子の友達を家に連れてきてからでした。

和司のことを好きなのか、その女の子はこまごまと世話を焼いたり、プレゼントをしてくれたりと、一方的な感じで和司に迫っているようでした。

これくらいの年ごろだと、女の子のほうがこと恋愛に関してはませています。私にもそんな経験があったことから、これといって心配はしていませんでした。

和司にその子のことをどう思うのかと尋ねたこともあります。和司にもしもほかに好きな子がいるのなら、そう伝えたほうがいいということもあるからです。

「好きな子はいないけど、あの子のことも好きとかそんなんじゃない」

和司はそう言っていました。特に好きな子はいないし、その女の子のことをなんとも思ってはいないということです。

息子はおとなしい子供です。それにとっても優しい子です。

そんな性格だから、ほんとうは迷惑なのに相手に言い出せないに違いないと、私にはわかっていました。

数カ月ものあいだ、その女の子から電話があったり手紙や贈りものが届いたりしたのですが、和司が煮え切らないせいからか、その後はあきらめたのか、それ以上のことは何もありませんでした。

しかし私は、和司が成長するにつれて、またこんなことが起きるに違いないと思ったのです。

それからというもの、日々、成長していく和司の姿を見ては、また和司を好きな女の子が現れるのではないかと想像し、息子がまだ見ぬ彼女と性行為に及ぶ様子を思い描くようになってしまったのです。

そんな和司も今や高校生です。いよいよ男の子らしく、親の私が見ても惚《ほ》れ惚《ぼ》れするように成長しているのです。

新たな不安に捕らわれるようになったのは、夏休みが終わったころでした。

「母さん、実は今日ね……」

学校から帰ってくるなり、和司が神妙な顔で私に話しかけてきたことがあります。

いったいどうしたのだろうかと思うと、玄関から女の子の声が響いてきました。

和司がガールフレンドを連れてきたのです。

私はうれしい反面、いくばくかの不安を感じながら、その女の子と対面しました。

「こんにちは、お母さん。わたし川口純子《かわぐちじゅんこ》っていいます。和司クンのガールフレンド、っていうか、カノジョで〜す。なんちゃって！」

彼女は息子が連れてきたというよりも、勝手に押しかけてきた感じでした。

和司の顔色をうかがうと、照れたような困ったような表情をしています。きっとその女の子が家についていくというのを断り切れなかったのでしょう。

「和司の母です。さっ、上がって」

私は通り一遍の挨拶《あいさつ》をすると、部屋へ上がるように言いました。

「おじゃましま〜す。ねえねえ、さっそく和司クンの部屋へ案内してよ」

純子さんは、これみよがしに大きな声で返事をすると、和司の手を引くように二階の部屋へ行ってしまいました。

私はその後ろ姿をあっけにとられながら見ているしかありませんでした。

髪の毛を染めてはいないものの、学校で決められた制服であるはずなのにスカートの丈がいくらか短い感じでした。

ソックスも、校則では白と決められているはずなのにそうではありません。外見で判断するのはよくないとわかってはいますが、私は純子さんが和司にはふさわしくないように思えて仕方がありませんでした。

みっともない話ですが、私はその日、お茶やお菓子を運んでは和司の部屋へ顔を出し、まるで二人の様子をうかがうようにしていました。

二度目に顔を出したときです。和司はトイレに立っていました。

純子さんは私と二人きりになったのをいいことに、こんなことを言ってきたのです。

「さっきはカノジョだなんて言っちゃいましたけど、まだそうじゃないんです。わたし、どうしても和司クンとつきあいたいんです。和司クンはクラスの女子にモテモテなんですよ。ほとんどの子がつきあってほしいって思っているんです。でも和司クンはちゃんと返事をしてくれないから、和司クンのお母さんにもわたしのこと認めてもらおうって思って……」

純子さんは、和司とつきあいたいがために、家に押しかけてきたようなのです。

これには驚くしかありませんでした。

和司が女の子に人気があるのは、母親として、それはそれでうれしいのですが、この少女は和司にはふさわしくないように思えます。

息子が戻ってくると、純子さんはさも私とうち解けたようなことを話していました。

「和司クンがトイレに行っているあいだに、もうお母さんとも友達になっちゃったんだよ。ねえ、これから夕方まで二人でいっしょに宿題やろうよ」

暗に私に部屋から出ていくようにと言っているようにも聞こえました。

「宿題、がんばってね。何かあったら遠慮なく私を呼んで……」

もう、私は部屋から出ていくしかありませんでした。

台所へ戻ってからも二階の部屋が気になってしようがありません。何か物音がするたびに、思わず聞き耳をたててしまうほどでした。

和司は他人を傷つけることはけっしてできない性格です。

純子さんが、もしも言い寄ってきたら、そのまま関係してしまうのではないでしょうか。あんな積極的な女の子なら、そういうこともしかねないでしょう。

高校生くらいの女の子の初体験は、男の子の部屋でするケースがいちばん多いと言います。階下に親がいようとも、ばれることなく関係はできるはずです。

私は夕食の支度も何も手につかないような状態で、心配ばかりしていました。

純子さんは夕方、帰っていきました。

私はそれを見届けると、和司に純子さんのことを尋ねました。

しかし和司は特に何とも思ってはいないようです。迷惑だとかそんなことも考えてはいないと言います。

ほんとうは家にまで押しかけられて迷惑しているのに、純子さんのことを思いやり、私にも本心を明かせないに違いありません。

そんな和司がいじらしくってなりませんでした。

それからというもの純子さんは毎日のように家に来るようになりました。

これでは心配で買い物にも出かけられない始末です。

私がいなくなって、家の中で二人きりになってしまったら、和司は純子さんに誘惑されて、仕方なく……。

と、ついつい淫らなことまで想像してしまうのです。

こんなことが毎日になると、私はいつしか嫉妬《しっと》にも駆られるようになりました。

いま、すぐということはないのでしょうけど、和司はあの純子という女の子と初体験を迎えるに違いないのです。

童貞を奪われてしまうのです。純子という女の子はきっと経験ずみなのです。何も知らない和司をもてあそび、性のとりこにさせてしまうかもしれません。純子さんに直接、もう家に来ないようにと話してみようかと思うものの、逆恨みでもされたらどうしようと思うと、それも怖くてできません。

もしも息子が純子さんと経験してしまえば、自堕落な生活へ転落してしまうのではないでしょうか。勉強も手につかなくなって、きっと親の目を盗んでは毎日のようにどこかで性的な楽しみにふけるのです。

もはや私の取るべき行動は一つしかありませんでした。それは私の体をもってして、和司に経験させてしまうことです。嫉妬もどこかにあるのかもしれません。

しかしそれよりも親として、かわいい一人息子が自堕落なことになってしまわないように、手だてを講じるしかないと思ったのです。

そうとなれば一刻の猶予もならないと、私はそのチャンスをどうにか作り出そうと実行しました。

夫が出かけた日曜日、私は部屋の窓を閉め切ったまま開けることはありませんでした。留守のように見せかけたのです。

幸い、八時になっても和司は寝たままなのか、部屋から出てくるような気配はありませんでした。

和司の部屋へ行くと、起きたばかりなのか眠そうな目をしていました。

「お母さん、ちょっと話があるんだけど」

ベッドに腰をかけて言葉をかけると和司は何だろうかと神妙な表情でした。

「これからすることは和司ちゃんのことを思えばなの。和司ちゃんをほんとうに思えばこそ、お母さんにできることなの」

訴えかけるように話をすると、私の切迫した気持ちが伝わったかのようでした。

私は締めつけられるような胸の鼓動をやっとのことで抑えると、衣服に手をかけました。そしてためらうことなく、思い切ってすべて脱いだのです。

和司は口をつぐんだまま、驚いたような表情で私のことを見ていました。

私は和司の体から布団を剝《は》ぎ取ると、すぐにパジャマの中に手を忍ばせたのです。

「あっ、ダ、ダメッ」

そこから逃げるように和司が体を動かしましたが、私の手はすでに和司にふれていました。

それはすでに熱くなっていました。私の全裸に男として何かを感じてくれたのです。

「こ、こんなになってて、お母さんうれしい……」

私はやっとの思いで、どうにか気持ちを伝えたくて口を開きました。

和司はこれから何が起こるのだろうかとおびえるような顔つきをしています。

「怖がらなくってもいいのよ。もう和司ちゃんの歳なら経験したってそんなにおかしくないことなの。ちょっとだけ早いかもしれないけど、男の子は少しでも早いほうがいいはずなの」

私は和司にそんなことを言いきかせるとパジャマを引きおろしました。

かわいらしいペニスでした。おち○ちんと呼んだほうがふさわしいのかもしれません。

しかし純子という女の子をはじめ、何人もの同級生が和司のこの箇所を狙っているのです。自分のものにして、手なずけてしまおうと虎視眈々《こしたんたん》と狙っているのです。

私は手のひらに唾液をたっぷりと付着させると、その手を和司のペニスに優しく添えました。

「あわっ」

和司の体がビクリと震えました。そうならないように優しくしたつもりでしたが、効果はなかったようです。

ペニス全体に唾液を塗りつけるようにしながら、和司の様子をうかがいました。和司は目をかたく閉じて、何かこらえているような顔つきでした。しかし私が手を動かすたびに気持ちよく感じるのか、表情を険しくしたり弛《ゆる》めたりしていました。

私にはそんな和司の様子が愛らしくってなりません。

かわいいおち○ちんをさわられてとっても気持ちよく感じてくれているようで、ほんとうにいとおしさが込み上げてくるようでした。

「我慢できなくなったら出してもいいからね」

前もってそう言葉をかけてあげると、和司のペニスを口に入れました。

舌先に唾液をたっぷりと付着させるようにして、まだ剝《む》け切っていない先端の部分に這《は》わせました。

「あああうっ」

私はできるだけゆっくりと、それは愛情を注ぎ込むような感じで愛撫を行いました。

性急な刺激で果ててしまうのではなく、小さな快感を徐々に与えてやりたかったのです。そうすることで和司に何かあったときでも対処できるようになってほしいと思ったのです。

これは経験を積んだ女の子が和司に迫ったら、きっとこうするに違いないと、私なりに判断してのことです。

口の中で和司のペニスは脈打っていました。愛撫を施すにつれてそれは徐々に力強くなっているようです。

(もうすぐ射精する!?)

私はそう思うと胸が締めつけられるようないとおしさに駆られました。

少しずつ刺激を強めていきます。ゆったり添えていた唇に力を入れて和司のペニスを挟み込むようにしたのです。

「ああっ、あああっ、そ、そんなにしたら。ああっ、ああああっ」

和司の手が私の頭をつかみました。苦し紛れにどうしようもなかったのでしょう。

これ以上、膨張できないほどに和司のペニスが変貌しているようです。もう射精の瞬間はそこまで来ているに違いありません。

私はそのときを待ちながら小刻みに頭を揺らしつづけました
「あっ、あぐぐう。ああっ、ああああああああっ！」

和司の体が急にこわばったかと思うと、驚くほどに勢いのある大量の精液を噴き上げてきました。

「うっ、うっぷ」

私は和司が出してくれたものを、一滴もこぼすことのないようにと唇をすぼめました。

そのままペニスから口を離し、一息にのみ込みました。

和司はぐったりとして、ベッドに横たわったままです。たったいま元気よく射精したばかりのペニスは、ほやほやとしていとおしさに溢《あふ》れています。

私はこらえきれず和司を抱き寄せました。

「和司ちゃん！」

乳房に、ほてった和司の顔を感じました。

私は頭に手をやり何度もさすりました。

和司は何かするでもなく、胸の中でジッとしていました。

「ぜんぶ脱いで、お母さんに何もかも見せてちょうだい」

私はそう言うと、パジャマのボタンに手を掛け脱がせていきました。その間も和司は何もすることなく、私が促《うなが》すように従ってくれました。

和司はほっそりときれいな体をしていました。少年らしい美しい裸体です。陰毛をいくらか携えたペニスだけが、大人への著しい変貌を見せているようです。

「和司ちゃんは、この私のものなの。かわいい一人息子なの。だから私のものになってくれるでしょ」

訴えかけるように言うと和司は私のことを見つめてきました。

「何もかも知ってほしいの。男のことも女のことも、すべて私が教えてあげたいの。お母さんが和司ちゃんの初めての女性になってあげたいの」

切々とした私のこの気持ちが和司に伝わるのでしょうか。私はそう思いドキドキとしていました。

どれくらいの時間がそこにあったのかはわかりません。数秒だったのか、それともっと長い時間だったのか。

私のことを見つめていた和司が、こくりとうなずいてくれたのです。

「ああっ」

私はもう一度和司を抱きしめ、和司の手を乳房に添えさせました。

「これからはお母さんは和司のものよ。ここも和司のものなの」

そう言ってもむように促しました。

和司はどうしたらいいのかわからず、私の言うとおりに指先を小さく動かしました。

私は少しの間乳房をもませると、今度はその手を私自身へと持っていきました。

「あっ！」

和司の手がその場所にふれたかと思うだけで、体が震えるようでした。

「ぬるぬるしているでしょ。和司ちゃんの男らしい魅力のせいでこうなっているの。和司ちゃんがお母さんの裸を見て大きくしてくれたのと同じ……」

私は和司の手の指を伸ばすようにすると、秘部の中へと挿入を促しました。

「あああっ……」

体がまた震えてきました。悦びに溢れるように無意識のうちにそうなるのです。

「中で動かしてみて。どうなっているのか試してちょうだい」

私はそう言って和司が指を動かしやすいように、股間を広げて座り直しました。

和司はそれに興味を持ったのか、のぞき込んでいました。

見られているのだと思うと、カァッと体が熱くほてってきました。

「女のいちばん大切な場所なのよ。よく見てどうなっているのかを覚えるの」

私はさらに足を広げると、そこがよくわかるように割り開くようにしました。

「これがクリトリスというところ。体の中でいちばん感じる場所。さあ、さわってみて、どうしたらいいのかをしっかり覚えるの」

和司の指先がそこで動き始めました。

「あお、おおおう」

快感に金縛りにあったようです。私は我を忘れたように身悶《みもだ》えしてしまいました。

「じょうずよ。和司ちゃん、とってもじょうず。ああ、母さんとっても気持ちがいいっ……」

私がもっとそうしてほしいとわかったのか、和司は無言のままクリトリスをさわりつづけてくれました。

「おおっ、おおおおおっ。ああっ、和司ィ。和司ちゃんっ」

体はどんどんと高まっていきます。私は早く和司がほしくて、和司のペニスを体内に入れたくってなりませんでした。

「ああっ、お母さんも和司をよくしてあげるから。おち○ちんを……」

和司のペニスに手を伸ばすと指先で刺激しました。

ペニスはもうあらかた大きくなっていました。私への行いがまたしても和司を興奮させたのです。

「ああっ、和司。お母さんにちょうだい。和司を、和司のおち○ちんを」

私はそう言うと和司を抱き寄せました。そしてペニスを体内へと導いたのです。

「ああっ、和司ちゃあん！」

和司は恐る恐るといった感じで腰を前後に動かしていました。

意識を向ければ体内のペニスはズキンズキンと息づいて脈打っているようです。

私の体の中に和司がいる。膣の中に和司の分身でもあるペニスがある。

そんな感覚がはっきりとありました。

それは私に、和司がお腹の中にいたころを思い出させました。その和司が十六歳にも成長して、あらたにこうして体内にいるのです。

母親の歓びというのか、不思議な歓喜の中に私はいました。

「ああっ、和司、和司、和司ィーっ」

自分のほうから体を動かしていました。和司の体に抱きつくようになって、腰をふるわせつづけたのです。

「かまわないからイッて。私の中に和司ちゃんをちょうだい。ぜんぶちょうだい！」

和司の体がギュウとこわばりました。

「ああっ、あああっ。母さんっ……」

振りしぼるように私のことを呼んでくれたかと思うと、和司はグッタリと私に体を預けてきました。

私は、私のかわいい一人息子の初めての女性になったのです。

私は和司を抱きかかえたまま、自然と笑いが込み上げてくるようでした。誰よりも先に和司を手に入れたのです。

それから私は和司といっしょにシャワーを浴びると、その日は夕方近くになるまで、二度にわたって関係を持ちました。

あの純子という女の子がどれほどの魅力で迫ろうとも、けっして屈服しないようにと、和司にあらゆる性技を教えたのです。

それからの和司はいっぺんに大人になったようでした。

よくしゃべるようになり、私にはさらに魅力的な美少年に思えて仕方がありません。

これでどんな女の子が迫ってこようとも、和司のほうが、セックスに関しては経験を積んで、うわてなのです。もう心配することは何もないはずです。

# 従弟といっしょにお風呂に入り馬乗りになって……

藤波瑞樹（仮名）会社員・二十五歳

私は都内に住む二十五歳のＯＬです。兄弟や姉妹はいなくていまだ独身なので、パパとママと私の三人で暮らしています。

仕事もそれなりに充実してるうえに、男女問わず友達も多く、飲み会や合コンなんかで、毎日楽しく過ごしていたんですが、夏を前にして我が家に大事件が起こってしまったんです。

それは東北に住んでいるママの妹、つまり私にとっては叔母にあたる優子《ゆうこ》叔母さんの電話から始まりました。叔母さんの息子、翔太《しょうた》が、都内の有名なタレント事務所のオーディションに合格したっていうんです。

芸能界が大好きで、ビジュアル系バンドの追っかけもしたことのある超ミーハーな私は、それを聞いたときには本当にびっくりしてしまいました。

確かに翔太はまだ高校生になったばっかりなんですが、従姉の私から見ても、ひいき目でもなんでもなくジャニ系のものすっごい美少年なんです。まあ、田舎の子だから服装なんかはちょっとまだまだかなと思うけど、美少年であることは絶対に間違いないんです。

去年の夏休みに遊びにきたときに花火大会に連れていってあげたら、私の女友達たちから、まるで売れっ子のアイドル並みにキャアキャアと騒がれて、大変なことになってしまったほどです。

あのときは友達にすごく羨《うらや》ましがられたし、そんな従弟がいるのは私にはちょっとした自慢の種にもなっていました。

でも、どんなに有名なタレント事務所のオーディションに合格したといっても、タレントとしてデビューするためには、当然演技や歌などのレッスンを受けなければいけないっていうんです。いまテレビや雑誌なんかで大活躍するアイドル達も、みんな色々なレッスンをしてからデビューをしているんですって。

地方に住んでいる子のために、タレント事務所が所有する寮もあるそうなんです。でも優子叔母さんとしては、やっぱり知らない人間に囲まれて暮らすよりも、親戚の家に預けたほうがいいだろうと思ったみたいなんです。

それで、デビューを目指してレッスンを受けるために、翔太を我が家に居候させて欲しいというんです。

その話を聞いて、私はとっても嬉しくなってしまいました。自分の従弟が芸能界にデビューするかもなんて考えただけでも、自分のことのようにドキドキしてしまいます。

それに私って、もともとすっごい美少年マニアなんです。ジャニ系の男子を見ると、かわいいなあってたまんなくなってしまうんです。

あんまり嬉しいので、つい友達に翔太が芸能界にデビューするかも知れないということや、我が家に居候をすることになったことを話したら、もう大騒ぎになってしまいました。

学校のことがあるので、翔太が我が家にやってくるのは夏休みに入ってからということになりました。

夏休みに入ってすぐに、翔太がやってきました。一年ぶりに会う翔太は、何だかちょっと大人っぽくなっていました。

前は本当に田舎の純情な少年っていう感じだったのに、洋服なんかも渋谷《しぶや》辺りにいるおしゃれな男の子風になっていました。未来のアイドル候補生という目で見ているせいもあるのか、妙に格好よく見えてしまいます。

「あれは、ママが勝手に応募しちゃったら書類選考が通っちゃって……。だって、オーディションに合格したら、好きなゲームのソフトをいっぱい買ってくれるって言うから……。だから、デビューとか言われても実感なんてないんだよね」

翔太ったらオーディションに応募した経緯を、まるで他人事みたいに話します。服装とかはちょっと垢抜けてきても、こうして話してみると、やっぱり普通の高校生なんだなって思ってしまいました。

そういえば、優子叔母さんも若いころは私みたいに芸能界が大好きで、子供のころには子役としてタレント事務所に所属していたこともあったなんて、ママから聞いたことがありました。

パパとママは男の子がいないせいか、翔太をとってもかわいがっていました。夏休みとかに遊びにくるのを楽しみにしていたし、まるで本当の子供のように思っているみたいでした。

それにうちのパパとママって、フランクというかいい加減というのか、男の子や女の子の性的な成長には全くうといんです。去年の夏休みに翔太が遊びにきたときも、面倒だから私と一緒にお風呂に入ればなんて平気で言っていたくらいですから。

いい年した大人に中学三年の男の子と一緒にお風呂に入ればなんて、普通は言いませんよね。でもうちの両親は、それが当たり前だって思ってるみたい。翔太も田舎の子だから大らかと言うか、変にマセていなくて別段恥ずかしがる様子も見せませんでした。

私にとって翔太はかわいい弟みたいなものだし、別に裸を見られることも恥ずかしかったり嫌ではなかったから、手間のかかる弟の面倒を見るという感じで、パパとママのいうとおりに一緒にお風呂に入っていました。

翔太が家にやってきた日の夕ご飯は、ママご自慢の手料理が並んでとっても豪華でした。何回も遊びにきているので翔太は遠慮することもなく、パクパクと料理を平らげています。パパとママもとってもご機嫌で、まだ本当にデビューできるかもわからないのに、みんなで芸能界の話なんかですごく盛り上がってしまいました。

食事が終わると、両親はまた以前同様、当たり前のように私に翔太と一緒にお風呂に入ればなんて言います。まあ去年まで一緒に入っていたんだから、いまさらという感じでお風呂の用意をしました。

着替えの用意をして脱衣所に入ると、翔太は急にモジモジと恥ずかしそうな素振りを見せました。去年までは平気でパッパッとお洋服を脱いで、バスルームに飛び込んでいたのになんだか変な感じです。

私が先に裸になってバスルームに入っていると、しばらくしてから翔太が入ってきました。翔太は恥ずかしそうにアソコを両手で隠しています。去年まではそんなことはしていなかったのに、おかしいですよね。

「やだ、翔太ったら何隠してるのよ」

「だって……」

「翔太のオチ〇チンなんて、いままでもいっぱい見てるじゃない」

「……でも……」

「何を恥ずかしがってるのよ。隠すほうがよっぽどヘンに見えるわよ。何よ、男の子のクセに……」

それでも翔太は恥ずかしそうに俯《うつむ》いて、アソコを手で隠しています。私は何だか焦れったくなってしまいました。

「もうっ、その手をどけなさいよ」

イライラした私が強く言うと、翔太は半ベソをかきながら手をどけました。

「えっ……！　やだっ……」

私はびっくりしてしまいました。去年まではツンツルテンでかわいらしかった翔太のアソコに、チョロチョロと毛が生えていたんです。

「へーえ、アソコに毛が生えてきたんだあ」

私はまだあまり濃くない翔太のアソコの毛を、ついジロジロと見つめてしまいました。

翔太だってもう高校生なんだから、考えてみれば遅いくらいなんだけど、まだまだ子供だと思っていたので、すっごく意外なことに思えてしまいます。

「もうっ、だからイヤだって言ったのに……」

翔太は恥ずかしそうに、モゾモゾとお尻を振っていました。

「あら、恥ずかしいことじゃないわよ。逆にいつまでも生えてこなかったら困るでしょ」

「でも、やっぱり見られるのは恥ずかしいよ」

「何よっ、いつも私の裸は見ていたクセに……」

「だって、瑞樹《みずき》お姉ちゃんは全然恥ずかしがらないじゃない」

「別にアソコに毛が生えているのなんて、恥ずかしいことじゃないもの。生えていないほうがよっぽど恥ずかしいわよ」

私はそう言うと、バスタブから立ち上がって、わざと裸を見せつけてしまいました。翔太とはいつも一緒にお風呂に入っていたんですから、いまさら恥ずかしくなんてありません。

それに、自分で言うのもヘンかも知れないけれど、おっぱいはEカップだし、ウエストもキュッて括《くび》れていて、なかなかのナイスバディなんです。

「ほらね。別に恥ずかしくなんてないでしょう?」

私は自慢のおっぱいを左右に揺さぶってみせました。

翔太は何も言わずに、目を見開いて私の体をジッと見つめています。男の子ばかりの兄弟なので、女性の裸なんてあまり見たことがないんだと思います。

「瑞樹お姉ちゃんのおっぱいって、すっごく大っきいんだ。すっごい……」

私のおっぱいを見つめている翔太のアソコが、ピクンピクンと小刻みに動いています。まだ先のほうまですっぽりと皮をかぶっている、かわいい包茎のオチ○チンです。

そのオチ○チンが、少しずつ上のほうを向いてきました。まだ毛が生えたばかりだというのに、ちゃあんと勃起はするんだなって思ってしまいました。

「あれっ、翔太ったら、オチ○チンが大きくなっちゃってるわよ」

「だって、瑞樹お姉ちゃんの裸を見ていたら、勝手に大っきくなっちゃったんだもん」

翔太はどうしていいのかわからないといった困ったような表情を浮かべていました。

「ふうん、翔太も女の体に興味があるんだ。そうでなかったらそんなふうに、オチ○チンが大っきくなったりしないもんね」

「そんなこと言われたって……、そんなのわかんないよ」

私がちょっと意地悪っぽく言うと、翔太はますます困ったような顔をします。

そんな翔太の態度が面白くて、私は少しだけ悪戯《いたずら》がしたくなってしまいました。

「ねえ、いつもみたいに洗ってあげる」

「いいよっ、自分で洗えるよ」

「何よ、そんな態度するんだったら、ママに翔太のアソコに毛が生えてきたことを言っちゃおうかな」

「やだよっ、伯母さんにそんなことを言わないでよ。そんなのひどいよ」

ママにアソコに毛が生えてきたことを教えるって言ったら、翔太は本気で嫌がりました。誰だって生えてくるんだから、そんなことを気にするなんてヘンなのって思いながらも、翔太の意固地な態度が面白くって、ますますからかいたくなってしまいます。

「じゃあ、お姉ちゃんの言うことを聞くのね。さっ、洗ってあげる」

「もう、お姉ちゃんったら、意地悪だよ……」

翔太は諦めたように、少しだけ恨めしそうな顔をしました。

私はバスタブから出ると、翔太を強引に椅子に座らせてしまいました。翔太は太腿をこすり合わせて、アソコを隠そうとしていました。

「ハーイ、まずは髪の毛から洗いましょうね」

お姉さんぶってシャワーの水をかけながら、翔太の髪の毛を洗ってあげます。でも髪の毛を洗ってあげながらも、太腿の間に隠したオチ○チンのことばかりが気になってしまいます。

「さあて、体も洗ってあげなくっちゃね」

私はスポンジにボディソープを含ませてたっぷりと泡立てると、翔太の体を洗い始めました。腕のあたりから洗い始めて、お腹や背中にもスポンジをこすりつけます。翔太はくすぐったそうに、体を揺さぶっていました。

上半身が終わったら、いよいよ下半身です。足元から洗い始めて、ドンドン上のほうへとスポンジを這《は》わせます。

「ほら、足を開かなかったら洗えないじゃない」

「だって、恥ずかしいよ」

「ちゃんと洗わなくちゃ汚いでしょう？」

「平気だよ、ここはちゃんと自分で洗うよ」

「何よっ、お姉ちゃんがちゃんと全部洗ってあげるって言ってるでしょう。ほら、足を開きなさいよ」

私は翔太の足をグッとつかむと、強引に開いてしまいました。ボディソープの泡の透き間から、かわいらしいオチ○チンの先っぽが顔をのぞかせました。

「ちゃあんと、ここも洗わないとね」

スポンジの泡をたっぷりとなすりつけるようにして、硬くなっているものを洗います。泡がニュルニュルするせいか、あちこちに逃げるように暴れまわりました。私はスポンジを床に置くと、逃げられないように両手で握りしめると、手のひらをこすり合わせるようにして、ていねいに洗いました。

「あーっ」

翔太は体を揺さぶって、エッチっぽい声を出しました。手のひらでこすられるのが気持ちよいのか、アソコはピクンピクンと小刻みに動いています。

「わあっ、まだちっちゃくても、ちゃんと感じちゃうんだ」

「ああんっ、お姉ちゃんそんなことしたら、駄目だよ……」

「駄目って、何が駄目なの。ねっ、こういうふうにしたら気持ちいいでしょう?」

私は指の中でピクピクと動くアソコを、こねくり回すようにいじります。指の動きに合わせるように、ヒクつきが激しくなっていくみたいです。

「んんっ、お姉ちゃん……、駄目だよ。気持ちいいよお……」

翔太は女の子みたいにかわいらしい顔を歪《ゆが》ませて快感を訴えます。長くてクルッとカールしたまつげがワナワナと震えていました。

「アーンッ、駄目だよ……。駄目だよお」

翔太は座っていた椅子の上で、体を大きくのけぞらせました。

「……出ちゃうっ……」

握りしめているオチ○チンの先っぽから、熱いトロッとした液体が手のひらに落ちたのがわかりました。泡まみれの手のひらから、プーンと鼻をつくような男の子のエッチなお汁独特の香りが漂ってきます。

「わあ、翔太ったら……イッちゃったんだ。すっごーい、もうイッちゃうんだね」

「だって……だってえ……」

翔太は恥ずかしそうに俯いてしまいました。

こんな皮かぶりのかわいいものなのに、一人前にイッちゃうなんて……。私はちょっと感激してしまいました。

それ以来、一緒にお風呂に入ると翔太の体をすみずみまで洗ってあげるようになりました。

毎回毎回、翔太は女の子みたいに悶《もだ》えると、私の手のひらの中でイッちゃうんです。

いつの間にか、私もそれを見るのがとても楽しみになっていました。

翔太が我が家にやってきて、半月くらいがたったころのことです。

いつものように、翔太と一緒にお風呂に入っていました。家庭用の狭いバスタブの中に一緒に入っていると、当然のように体がピッタリと密着してしまいます。翔太は甘えるように私のEカップのオッパイにすり寄ってきました。

「お姉ちゃんのおっぱい、柔らかくて気持ちいい……」

翔太は手のひらでオッパイをもみもみしながら、乳首にチュッと吸いついてきます。

こんなふうにされると、何だか母性本能をくすぐられてしまいます。翔太の甘える様子がかわいらしくてたまりません。

それに、芸能界にデビューして売れっ子のタレントになってしまったら、もうこんなふうに一緒にお風呂に入ったりすることはできないんだろうなって思ってしまいました。こんなことができるのはいまだけなんだと思うと、少し寂しいような気持ちになってしまいました。

それでも、売れっ子のタレントとこんなことをしたんだよっていう、ちょっと自慢したいような優越感も感じてしまいます。そうしたら、何だか独占欲みたいなものを覚えてしまったんです。

「ねえ、翔太、いつもよりも、もっと気持ちよくしてあげようか」

「えっ……？」

「ほら、そのまんま立ち上がってみて」

翔太は不思議そうな顔をしながら、バスタブの中で立ち上がりました。体がピッタリくっついていたせいか、アソコはお腹にくっつきそうなくらいに、ピンと硬くとんがっています。

私は目の前に迫ってくる、キンキンに硬くなっているアソコをパックリと咥《くわ》えてしまいました。

「ウアッ」

翔太の口から呻《うめ》くような声があがりました。よっぽど気持ちがいいのか、目をつぶって悩ましい声を出しています。

翔太が悶える様子を確認しながら、逃げられないようにお尻をギュッと抱え込んでしまいます。唇をキュッてすぼめて顔を前後に振るようにしてしごくと、翔太は引きしまったお尻の筋肉をヒクヒクさせていました。

「アーンッ、気持ちいい……。すぐ……出そうになっちゃうよお」

コチンコチンに硬くなっている棒の部分に、舌を這わせるようにしてナメナメすると、先っぽのほうからお汁が垂れてきました。

私は右手で肉棒をしっかりとつかむと、前後にキュッキュッて動かしてしまいました。

するとと全体を包み込んでいる皮が、ズルンと剝《む》けてしまったんです。

「アアーンンッ」

敏感な先っぽがズル剝けになってしまったせいか、翔太は眉間に皺を寄せてアンアンとセクシーな声をあげています。

そんな翔太の声を聞いているうちに、私も何だかすっごくいやらしい気分になってしまいました。私は翔太のオチ〇チンを口から吐き出すと、バスタブの中に立ち上がりました。

「……もうっ、翔太ばっかり気持ちいいんじゃズルいわ」

「ええっ……」

翔太は私の言葉に驚いたような顔をしました。まだイッていないオチ〇チンは硬くなったまんまでした。

「翔太もお姉ちゃんのこと、気持ちよくしてよ。ねっ、今度は逆よ。翔太がしゃがんで……」

しゃがみ込んだ翔太の前に立った私は、バスタブの縁に片足をのせると大きくお股を広げてしまいました。

「ねっ、これがお姉ちゃんのアソコよ。ねえ、お姉ちゃんが翔太にしてあげたみたいに舐《な》めてみて……」

我慢できなくなった私は、グッと翔太の顔の前にお股を突き出してしまいました。まだ舐められてもいないのに、アソコがジンとうずいてしまいます。

「これがお姉ちゃんのアソコ……？　ここを舐めるの？　そうするとお姉ちゃんも気持ちよくなるの？」

翔太は初めて見る女の人のアソコに驚いているみたいです。目をパチクリとさせてアソコをジッと見つめていました。それでも顔を近づけるとお口を開いて舌を出し、ワレメをペロッと舐め上げました。

「アーン、気持ちイイーンッ」

思わずエッチな声が出てしまいます。大好きなジャニ系の美少年とこんなエッチなことをしているって思うだけで、いやらしいお汁がアソコから溢《あふ》れ出てしまいます。

「ンンッ、お姉ちゃん気持ちよくって……エッチな声が出ちゃうーん……。この硬くなってるところが……気持ちいいところなの。ここも舐めて……」

私は両手でアソコをパックリと開くと、クリトリスを剥き出しにして見せつけてしまいました。膣の中よりもクリトリス派の私は、ここを舐められるのが大好きなんです。剝き出しにしたそこに翔太の舌が当たります。ねっとりとした感触が超気持ちよくって、自然にお尻が揺れ動いてしまいます。

「アーン、すっごい気持ちいい……。気持ちよくって、お姉ちゃんもイッちゃいそう」

立ったまんま体をクネクネさせる私のクリトリスを、翔太は追いかけながら一所懸命舐めてくれます。

剝き身になっているそこは刺激に弱くって、ジワーッと熱くなってきてしまいます。

「アアーンッ、イイーンッ……、ンンンッ、アアアーンッ」

気持ちよすぎて、もう立っていられないくらいです。足がガクガクと震えてしまいます。

「アッ、ダメッ、イクーッ」

パンパンに腫《は》れ上がったそこをベロンと下から上へと舐め上げられた瞬間、私はイッてしまいました。立っていられなくて、そのままバスタブの中に転がるように座り込んでしまいました。

「お姉ちゃん……？」

翔太はバスタブの中に座り込んだまま、ゼエゼエと喘《あえ》いでいる私の様子を心配そうに見つめています。

「ああ、だい……大丈夫よ……」

座り込んだ私の目の前には、まだ硬いまんまのオチ○チンが迫ります。クリトリスでイッてしまってジンジンしているアソコに入ってきたらと思うと、もう我慢なんてできません。

「翔太、バスタブから出て……あおむけに寝て……」

翔太は私に言われるままに、洗い場に横になりました。皮が剝けたきれいなピンク色のオチ○チンが、元気よくビンビンにそそり立っています。

「翔太もいっぱい気持ちよくしてあげる……」

そう言うと、私は翔太の体の上に馬乗りになってしまいました。硬くなっているものを右手でしっかりと握りしめると、お汁でヌルンヌルンになっているアソコに当てます。

「お姉ちゃん……」

「いいのよ、お姉ちゃんに任せて……」

イッてしまったばかりのアソコは、ズキズキとしびれているみたいです。

硬くなっているオチ〇チンの上にのしかかるようにアソコをあてがうと、体重をかけてゆっくりとのみ込んでしまいました。

「アアーン、お姉ちゃん、あったかい……、アアーッ、すっごい……気持ちいい……」

「翔太っ、お姉ちゃんもよ。お姉ちゃんもすっごく気持ち……いい、またイッちゃいそうよ」

アソコの毛が生えたばかりの美少年を逆レイプしていると思うだけで、アソコがキューンとしてまたイッてしまいそうです。経験のない翔太はあおむけになったまま、されるがままといった感じで横たわったままジッとしています。

私は円を描くようにお尻を動かしながら、硬さをじっくりと味わいます。腰を浮かせたり沈めたりすると、さらにアソコの中がジンジンズキズキとしてしまいます。あまりの気持ちよさに、どうにかなってしまいそうです。

「あっ、駄目っ、お姉ちゃんっ、駄目ーっ」

「アーン、ダメッ、まだ……まだ…イッちゃ……ダメー」

必死に快感を訴える翔太の言葉に、私はむしゃぶりつくように腰を振りまくりました。

イッてしまったばかりのアソコはすっごく敏感で、私もすぐにイッてしまいそうです。私は腰を振りながら、右手でビンビンにうずいているクリトリスをクリクリと撫《な》で回しました。

「あーっ、イーイッ、イクーウッ……」

逆レイプをしながらのクリトリスいじりに、私はアッと言う間にイッてしまうと、翔太の体の上に倒れ込んでしまいました。

それからも、お風呂に入るたびに翔太とエッチなことを、いっぱいしてしまっています。

翔太が将来キムタクみたいな売れっ子になったら、初物をいただいてしまったなんて自慢できちゃうかも、なあんて思うこともあります。でも、そんなことを言ったらきっとワイドショーのリポーターに追っかけ回されたり、ファンの女の子たちからひどい目にあわされてしまいますよね。

# 女王様気質の叔母との同居生活で奴隷のように扱われる悦びに目覚め

平山清（仮名）会社員・二十三歳

ぼくが高校二年生の時の話です。

当時、ぼくの家には五年ほど前から、母方の叔母である敬子《けいこ》さんが、東京の女子大に通うために同居していました。

叔母と言っても女子大生ですから、ぼくから見ると〝お姉さん〟みたいなものです。女性としてはわりと背が高いほうで、身長百七十センチのぼくとほとんど同じくらいあり、ちょっと柴咲《しばさき》コウに似た感じのキリッとした美人です。

母の話では、敬子さんは幼いころから気が強く、近所の男の子たちを相手に女王様みたいにふるまい、彼らに命じていろんな悪戯《いたずら》をさせたり、誰かを虐《いじ》めさせたりしていたそうです。ただ、敬子さんがぼくの家に来たころには、もうすっかりきれいな大人の女性になっていて、そんな子供のころの「いじめっ子」の面影は感じられませんでした。

敬子さんは頭の回転が速くて、学校の成績もよかったので、母は、彼女が中学生のぼくの家庭教師がわりになって、勉強を見てくれることを期待していたようです。

敬子さんは、ぼくの家庭教師になることを快く引き受けてくれましたが、実際に始まってみると、ぼくは彼女が予想外に厳しく、意地悪な先生であることに気づかざるをえなくなりました。

確かに、最初だけはきちんと教えてくれるのですが、一度教えられたことを忘れてしまったり、うっかりまちがえてしまったりすると、人が変わったようにきつい口調でぼくを叱り、罰として腕立て伏せを五十回するようにとか、逆立ちを一分間つづけるようにとか命じるのです。

ぼくはそんな敬子さんのことを一面では恐れていましたが、一面では、ひそかにあこがれ、慕ってもいました。ぼくの隣に座った彼女が、何かを教えるために顔を寄せてくると、フワッと甘い香水の香りがし、ぼくはその瞬間、陶然となって何もわからなくなってしまいます。そのため、よけい勉強に身が入らず、彼女の叱責《しっせき》を受ける結果になるのです。

でも、彼女にきつい口調で叱られ厳しい体罰を強いられるたびに、ぼくはますます敬子さんと自分の絆《きずな》が深まっていくような気がしました。

そんな折、電気メーカーに勤めていた父が、中国は四川《しせん》省の成都《せいと》に新設された工場の責任者として赴任することになり、母も父の身のまわりの世話をするために同行することにしたので、家には、女子大を卒業して主に教育関係の書籍を作っている出版社に就職した敬子さんと、高校生になったぼくだけが残されることになったのです。

父母を送り出すときには、敬子さんは顔に満面の笑みをたたえながら、

「姉さんとお義兄《にい》さん、しっかりがんばってきてね。清《きよし》ちゃんの面倒は、私が責任をもって見るから、何も心配いらないわ」

と力強く言ったので、両親も、さぞかし安心して中国へと旅立っていったことでしょう。

しかし、父母が手を振りながら空港の搭乗ゲートへと消えていったその瞬間から、敬子さんの態度はガラリと変わりました。

「ああ、せいせいした。これで気がねなく暮らせるわね」

こちらを振り向いた敬子さんが、その瞳に悪戯をたくらむ悪童のような光を宿しつつ言うのを聞いて、ぼくは、これから彼女と過ごすことになる日々への期待と不安とで、心臓の鼓動が高鳴るのを覚えました。

そして翌日から、その期待と不安は、現実のものとなったのです。

父母に、「清ちゃんの面倒は私が見る」と言った敬子さんでしたが、ぼくの面倒を見るどころか、ぼくに家庭内のすべての面倒を押しつけただけでなく、逆に自分の面倒まで見るように強制したのです。

敬子さんに命じられて、ぼくは、朝、これまでよりも一時間ほど早く起き、朝食の支度をしてから彼女を起こしに行くようになりました。ですが、敬子さんは、これまで一人で起きていたのが不思議なほどに寝起きが悪く、何度起こしてもまた寝てしまうし、ひどいときには「うるさい!」と怒鳴りつけて、ぼくを蹴ったりすることさえあります。

だからといって、もし、最後まで起こさないで会社に遅刻したりすると、後で、「バカ! なんでもっと早く起こさないの! あんたのせいで遅刻しちゃったじゃない!」

などと叱りつけられ罰を与えられるので、ぼくは蹴られても叩かれても、彼女が起きるまでがんばらなくてはなりません。それから機嫌の悪い彼女に朝食を食べさせて、ようやく会社に送り出すのです。

彼女が帰宅した後も同様です。

夕食の支度をするのは、もちろんぼくです。

学校帰りに買い物をして、敬子さんが帰ってくる前に、夕食の用意をしておかなくてはなりません。彼女は、お腹が空いているとよけい怒りっぽくなるので、帰ったときにはもう食事の支度ができていないといけないのです。

味噌汁の塩気が強いとか、炒め物のニンニクがキツすぎるとか、あれこれと厳しい批評をしながら食事を終えると、今度はマッサージです。

「ああ、今日は一日外回りをしていたから足が痛くなっちゃった。清、ちょっと足の裏もんでよ」

とか、

「今日は重たい本をいっぱい持たされたから腰がダルいわ。腰をもんでよ」

とか言われると、ぼくは彼女の足下に跪《ひざまず》いて、足裏をもんだり、ソファにうつ伏せになった彼女の腰や背中を指示されるままにマッサージしたりします。

それはなかなかの重労働ではあるのですが、一方では、ぼくにとってたまらなく甘美な時間でもありました。彼女の素足は靴やストッキングに蒸れて、少し饐《す》えたような甘ずっぱい臭いがしているのですが、その匂いをかぎながら彼女の柔らかな足をもんでいると、自然にジワッと下半身が熱くなってくるのです。

また、彼女の豊かな腰をもんでいるうちに、興奮して股間のものがいきり立ってしまい、そのことが彼女にばれないように必死になって腰を浮かし、不自然な姿勢でマッサージをつづけたりしていました。

敬子さんが、そんなぼくの反応に気づいているのかどうかはわかりませんでしたが、彼女のぼくへの奉仕の要求は、日を追うごとにどんどんエスカレートしていきました。

ある日、食事を終えマッサージもすませた後、お風呂に入った敬子さんが風呂の中から、

「清、ねえ、ちょっと背中流してよ」

と声を掛けてきました。驚いたぼくは、風呂場の前で立ちすくんでいました。

ぼくだって、本当は敬子さんの裸が見たくないわけではありません。いや、それどころか、実は、ぼくは毎日のように敬子さんの裸を想像しながらオナニーし

ているのです。でも、お風呂場に入って実際に敬子さんの裸を見たら、興奮のあまり落ち着いて背中を流すどころではなくなってしまうのではないか、と恐れたのでした。

しかし敬子さんは、ぼくがぐずぐずしていると、

「清、さっさとしなさい。私の言うことが聞けないの」

と、かんばしった声でせかしてきます。

ぼくはやむなく裸になり、前を隠しながら風呂場に入りました。

敬子さんは長い髪を洗い終えたところらしく、ピンク色に染まったきれいな背中を見せてタオルで髪をぬぐっていましたが、ぼくが入っていくと、こちらを振り向きもしないで、

「さあ、早く背中を流して」

と促《うなが》します。

ぼくは、言われたとおり、スポンジを取り上げボディシャンプーをつけて泡立ててから、敬子さんの背中をおずおずと洗い始めました。

すると敬子さんは、

「なによ、全然力が入ってないじゃない。もっとしっかりこすってよ」

と叱りつけるのです。

ぼくはいっそうの力を込めて、彼女のすべすべした絹のような肌をこすりつづけました。

彼女は、そうして本当の女王様みたいに、なんの羞恥心も見せずに背中を洗わせると、今度はスッと立ち上がって、ぼくの眼前にむっちりと張った豊かなお尻とスラリと伸びた足を見せつけ、

「こっちも洗ってよ」

と言います。

ぼくは、うれしさに手先が震えるのを覚えながら、彼女の白桃のようなお尻をスポンジでなでましたが、さすがに、股のあいだに手を伸ばす勇気はありませんでした。

「清、お尻の穴やおまたもちゃんと洗ってよ。スポンジで洗いにくかったら、手でやって」

ぼくは、言われるままに、敬子さんの白く柔らかな尻の割れ目に手を差し入れ、キュッとすぼんだお尻の穴や柔らかで複雑なかたちに切れ込んだ股の割れ目を洗っていきました。

するると突然、敬子さんがこちらを振り返ってぼくを睨《にら》みつけ、

「ああん、エッチ。清ったら、いやらしい手つきして」

と言うのです。さすがにぼくも、

「だって、ここを洗えって言ったのは敬子さんじゃない」

と抗議しました。

でも、敬子さんはそんなぼくの抗議に対して少しも動じる気配は見せず、こう言い放ったのです。

「洗えとは言ったけど、いやらしいことしてもいいとは言わなかったわよ」

「ぼく、いやらしいことなんか……」

そう言おうとした瞬間、敬子さんが身を屈《かが》め、手を伸ばして、ぼくのペニスをギュッとつかみました。

「アウッ」

ぼくがたまらず声をあげると、敬子さんは勝ち誇ったように、

「じゃ、これはなんなの？　こんなにビンビンにおっ立てておいて、いやらしい気持ちがなかったと言い張るつもりなの？」

と言ったのです。

「そ、それは……」

ぼくは口ごもりました。確かに敬子さんの言うとおり、ぼくのペニスは興奮のあまりカチカチに勃起して、弓みたいにそり返っていたからです。

敬子さんは、一瞬、顔に冷たい笑みを浮かべると、おもむろに肉棒を握った手を上下にシコシコと動かし始めました。

彼女の手つきはとっても手馴れていて、巧みに握力を調整しながら緩急をつけて肉棒をしごき立ててきます。

ぼくはたまらず、たちまちのうちに、

「ウウッ！」

というなり声をあげて、精液を出してしまいました。

敬子さんは手を放すと、シャワーのお湯をジャーとペニスに浴びせて、飛び散った精液を流しながら、

「なによ、ほんの十秒ももたないなんてだらしない。こんな粗相をして、このまますむと思ったら大まちがいよ」

と高飛車に言うのです。

それからぼくは、再び素手で念入りに敬子さんの体を洗わされました。

でも、素手で、敬子さんの大きくて柔らかなおっぱいや、腋の下や、股間やスラリとしたきれいな足を洗っていると、さっき大量に放出したばかりなのに、またしてもムクムクとペニスが頭をもたげてきます。

敬子さんは、それを目にすると、

「あーら、また大きくなってきたじゃない。ほんとうにいやらしい子ね」

と、まんざらでもない様子で言って、指先でピンとペニスを弾きました。

「ウッ」

痛みに顔をしかめているぼくに向かって、彼女は、

「自分の体を洗ったら、今度は裸のままでいいから、私の寝室に来なさい。ぐずぐずしないでね」

と言い残して、さっさと風呂場から出ていってしまいました。

ぼくは、しばらくあっけに取られていましたが、やがて気を取り直して、急いで自分の体を洗いタオルで体をふいてから、言われたとおり、裸のまま敬子さんの寝室になっている部屋に行きました。

敬子さんはすでに、ベッドの上で挑発的なポーズで横たわっています。

ぼくが恐る恐るベッドに近づいていくと、彼女は突然、こう言いました。

「清、あなた、これまでいつも私の体を想像しながらオナニーしてたでしょ？」

「そ、それは……」

意表を突かれたぼくは、一瞬、口ごもりました。すると、彼女はたたみかけるように、

「つまり、これまでタダで私の体を使ってきたんだから、これからは、そのお返しとして私に奉仕しなさい。いいわね？」

ぼくは、思わずこっくりとうなずいていました。

「じゃ、まず私のここをなめなさい」

敬子さんはそう言うと、ベッドの上で足を立てて膝を折り、美しい両脚を大きく広げました。

ぼくは吸い込まれるように、その両脚のあいだに座り、眼前にパックリと口を開けているサーモンピンクの割れ目に目をこらしました。

これまで、何度も頭の中で想像はしてきたものの、それを間近でじっくりと観察するのは、初めての体験だったのです。

初めて見るそれは、とっても不思議なかたちをしていました。

敬子さんは、爪を少しだけ伸ばした細い長い指で、その器官のそれぞれの部分

を指し示しながら、解説を加えていきます。

「このお豆みたいなところがクリトリス。とっても敏感なところだから、気をつけて扱わなきゃダメなのよ。優しくさわってごらんなさい」

ぼくが言われたとおり、そっと指先でその肉の豆みたいな部分にふれると、

「ウン」

という声とともに敬子さんの体がピクッと震えて、お豆が見る見るうちにふくらみ、芽のような突起が包皮の下からのぞきました。

「それを、清の舌で優しくなめてごらん」

ぼくはその部分に吸い寄せられるように顔を近づけ、舌を伸ばし、舌先でチロチロとその部分をなめてみました。

「ああん、そ、そうよ。じょうず……」

いつも高飛車な物言いをする彼女が、めずらしく甘く濡れた声音でそう言いました。

「今度は、その下の肉びらをなめてごらん。これは、ラビアって言うのよ」

ぼくはうれしくなって、一所懸命に舌を動かして、ピシャピシャと股間のお豆や唇みたいなかたちの肉びらをしゃぶりつづけました。

「ああっ、ああん、悪い子……」

敬子さんは、体をくねらせながら、ぼくの頭を両手でつかんでそう言いましたが、どうやら、やめさせるつもりはないようです。

すると、彼女の割れ目の奥のほうから、熱いトロトロとした液体が溢《あふ》れ出してきて、ぼくの舌を濡らしました。

その液体は、ほとんど無味無臭でしたが、よく味わってみると、仄《ほの》かに海草のような香りがし、かすかに酸味と塩味を含んでいるようでした。

ぼくは、そのなつかしい味の液体を夢中になってすすり、何度ものどを鳴らしてのみ込みました。

やがて敬子さんが、ぼくの頭をつかんでいる手にギュッと力を込め、腰を揺らめかして、

「ああっ……清、来て、早く来てちょうだい」

と言いました。

気がつくと、ぼくのペニスも再びビンビンにそそり立っています。

ぼくは、どうやっていいのかよくわからないままに、先端を敬子さんのトロトロに濡れたサーモンピンクの割れ目に押し当てました。

「ああん、そこじゃないわ。もっと下……」

敬子さんは手を伸ばして肉棒をつかみ、その先端を自分の女の部分にあてがいました。そして、熱い息を吐き出しながらも、

「いい、これがヴァギナって言うの。これからは、ちゃんとここをさがして入れるのよ」

と教えてくれます。

「うん、わかった」

ぼくが素直にそう答えると、敬子さんはもう待ちきれないといった様子で、

「さあ、早く……早く、入ってきて」

と急き立てます。

ぼくは彼女にペニスを支えられたまま、ゆっくりと腰を前に進めました。

亀頭の先が、ズブズブと温かい肉の中にめり込んでいくのがわかります。これまでの人生では一度も味わったことがない、えもいわれぬ気持ちよさです。

「ああ、い、いいいっ！」

敬子さんも、気持ちがいいらしく、目を閉じながらも、うれしそうな顔つきをして、そんな声をあげました。

ぼくのものは、ほどなく完全に彼女の中に入りました。ちょっと体を起こして、二人のものが結合している部分を見てみると、なんだか、剣玉の玉に尖《とが》った部分が突き刺さっているみたいで、ちょっと滑稽《こっけい》な感じがしました。

でもぼくには、その部分をゆっくり眺めている暇は与えられませんでした。

敬子さんが閉じていた目を開いて、

「さあ、何してるの。ペニスをゆっくりヴァギナに入れたり出したりするのよ」

と促したからです。

「でも、ただ出したり入れたりするだけじゃダメよ。リズムよく、ヴァギナの奥や、入り口をじょうずに刺激するのよ」

なかなか難しい注文です。

よくはわからないながら、ぼくはペニスの感覚に神経を集中して、一所懸命に腰を動かし、彼女の膣の奥にペニスを突き立てるようにしたり、入り口をこするようにしてみたりしました。

すると、敬子さんは、とろめくような顔つきをして体をくねらし、

「ああーん、そ、そうよっ、うんっ、いいっ」

などと、さかんに甘い喘《あえ》ぎ声をあげるのです。

ぼくは、以前、友だちに借りて一度だけ見たことのあるAVを思い起こして、両手で敬子さんの豊かなおっぱいをもんだり、体を折り曲げて乳首を吸ったりしながら腰を振りつづけました。

でも、それも長くはつづきませんでした。彼女の膣が、ぼくの分身をクイクイと締めつけてくると、ぼくはペニスの奥のほうに、熱い快感のかたまりが膨れ上がってくるのを感じました。

「あっ、ぼく、イッちゃいそう」

ぼくがそう声をあげると、敬子さんは閉じていた目を開き、

「ダメよ、まだイッちゃダメ！　何か別のこと考えてガマンするのよ」

と叫びます。

そう言われて、ぼくは必死にセックスとは全然関係ないことを頭に思い浮かべようとしましたが、やっぱりうまくいきません。

何かがペニスの奥で弾けたと感じた瞬間、尿道を熱いものが駆け上がり、ぼくは敬子さんの体内に、ドピュッと、精液を噴射してしまいました。

ぼくが、「うっ」とうなり声をあげ、ガックリと敬子さんの体の上に崩れ落ちると、敬子さんはぼくの背中に回した手で、パシッと背中を一つ叩いて、

「うん、もうっ、ダメッて言ったのに……」

と言いましたが、それでもしばらくのあいだ、静かにぼくの体を抱きしめていてくれました。

しかし彼女は、ぼくの呼吸が収まってくると、こんなことを口にしたのです。

「それじゃ、粗相した罰として、今度は私のオシッコをのみなさい」

さすがにぼくも驚いて、ガバッと身を起こし、

「エエッ!?」

という叫び声をあげてしまいましたが、敬子さんは、ぼくの目をまっすぐ見つめて、

「私のこと好きなんでしょう？　ほんとうに好きだったら、それくらいのことできるはずよ」

と平然とした口調で言うのです。

「だ、だって、オシッコのむなんて……そんなの、変態のすることじゃないの？」

「愛のかたちはいろいろなのよ。ノーマルだとか、変態だとかにこだわることないじゃない。清が私のこと好きなら、私の体から出たものも喜んでのめるはず

よ」

そう言われてしまえば、ぼくにはあえてそれに反論するだけの考えはありませんでした。確かにぼくは、美しくて強い敬子さんが大好きでしたし、そんな敬子さんのオシッコなら別にのんでもかまわないのではないか、という気になってきたのです。

ぼくはついに、

「うん、わかった……のむよ」

と言ってしまいました。

そのとき敬子さんの顔に浮かんだ表情を、なんと表現したらいいでしょう。残酷な満足と憐《あわ》れみと軽蔑とが入り混じったもの、とでも言うべきものでしょうか。

とにかく、ぼくにオシッコのみを承諾させた敬子さんは、さっそくぼくをもう一度風呂場に連れていきました。そして、そこでぼくにあおむけに横たわるように命じ、自分は両足を開いてぼくの顔の上をまたぎました。

ぼくの目からは、短いヒゲのような繊毛に囲まれた彼女の肉の土手と、そのあいだにパックリと口を開いたピンク色の割れ目がはっきりと見えます。

「さあ、口をお開き！」

敬子さんの声に操られるように、ぼくは口を開いていました。

次の瞬間、敬子さんのクリトリスの先端部分がプッとふくらんだかと思うと、その下の三角に開いた部分から、シュワッ、と液体がほとばしり出てきたのです。

その液体は、容赦なくぼくの顔に降りかかりましたが、もちろん口の中にも、大量に侵入してきました。

「わっ!」

驚いたぼくは、思わず目といっしょに口を閉じてしまいました。するとたちまち、

「こらっ、口を閉じちゃダメでしょ!」

という彼女の鋭い声に一喝され、すぐにまた口を開きました。

そこへ、次から次へと生温かい液体が降り注ぎます。

「口、開けてるだけじゃなくて、ちゃんとのみ込むのよ」

そんな敬子さんの言葉が、オシッコといっしょに降ってきます。

ぼくは、もう無我夢中になって、口の中に入ってきた液体をのみ下していきました。

その液体は、なんとも表現しがたい匂いと、かすかな塩味がしました。

敬子さんのオシッコがようやく勢いを失い、チョロチョロと細く流れるだけになったころ、ぼくはすでにたっぷりコップ一杯分くらいはオシッコをのんでいたように思います。

最後の一滴をぼくの顔の上に垂らした敬子さんは、興奮に顔を上気させ、この上なく満足げな口調で、

「これでとうとうあんたも、私の奴隷になったわね。これからは、一生私の命令どおりに生きるのよ」

と言いました。

彼女の足下に大口を開けて横たわったぼくは、その言葉に、なんの抵抗も感じることなく、言われるがままにうなずいていました。

確かにぼくは、もともと彼女の奴隷になる資質を備えていたのかもしれません。なぜなら、そんなふうにして彼女のオシッコをのまされながら、ぼくはまたしても股間のものを激しく勃起させていたのですから……。

こうして、ぼくの真の奴隷としての生活が始まりました。

それは、これまでのように、敬子さんのために食事を作ったり、体をマッサージしたりするだけのものではありませんでした。

彼女に、「人間便器になれ」と言われれば、口を開けて彼女のオシッコをのみ、「タン壺になれ」と言われれば、やはり口を開けて、彼女の唾や痰を受けとめる。それがぼくの喜びになっていったのです。

しかし、快楽の追求に熱心な敬子さんは、けっして一つのやり方で満足するということはありません。最近は、さらに新しい楽しみを開拓した模様です。

それは、単にぼくを奴隷としてこき使ったり、物にしたりするだけではなく、ぼくの心を苦しめ、傷つけることによって無上の快感を得るというものなのです。

敬子さんは、男性とつきあい始めると、そのボーイフレンドを家に連れ込み、セックスするのですが、彼らがセックスをするその部屋の押入れにぼくを裸で閉じ込めて、襖のすき間から二人がセックスしているところを、わざとのぞき見させるのです。

大好きな敬子さんが、別の男性に抱かれて激しく感じ、悶《もだ》えているのを見せつけられるのは、ぼくにとってこの上ない苦痛です。しかし、ぼくは同時に、その胸を引き裂くような苦痛のなかに、至上の快楽をも覚えるのです。

敬子さんも、ぼくに見られていることによって、ものすごく興奮するらしく、ぼくの眼前で、大声をあげて何度も激しいアクメに達します。しかも、セックスの途中で、何回もぼくが隠れている押入れのほうを向いて、ぼくがちゃんと自分たちのセックスを見ているかどうか確認するのです。

そして、ボーイフレンドが帰った後で、必ずぼくを縛ったままなぶっては、唾やオシッコをのませ、ぼくの勃起したペニスの上にまたがって自分から腰を振り、最後にもう一度、激しいアクメを迎えるのです。

こんなぼくたちの関係は、ぼくが社会人になったいまも続いています。我ながら、末恐ろしい気がしています。

# 息子の自慰行為を目撃した母は、昂ぶる気持ちを抑えきれず……

宮澤久恵（仮名）主婦・四十歳

私の告白を聞いてください。

自分でもいま考えると、とんでもないことをしてしまったと思っています。

私には自慢の息子がいます。

赤ん坊のころからかわいくて、目の中に入れても痛くないというのはこういうことか、と子どもが生まれたときに思ったほどです。

さて、息子はいま受験の真っ最中で、いつも夜中まで勉強を怠りません。

勉強のほうも学校でトップクラスですから女の子たちにも人気があるようで、母である私も彼のファンといっていいのかもしれません。

いま考えてみると男の子を育てるのが私の夢だったので、ついつい息子に手をかけてしまうところがあったのかもしれません。

それでも子どもに手をかけるのは当然のことだと思っていたので気にしていなかったのですが……。

息子がどんどん成長していくのを見ているだけで、私はうれしかったのです。そのうれしさがかえって仇《あだ》になってしまったのかもしれませんが、後悔はしていません。

受験勉強をするとき、いつも私は夜食を作ってあげています。夜中まで勉強をしている子どもに、そのようなことをしてあげるのは当然のことでしょう。

また、どんな夜食を作ってあげたらいいのかを考えるのも私の楽しみです。うれしそうに食べる子どもの顔を見るのも、楽しみの一つといえるのではないでしょうか。

夜食のメニューを考えることで料理が上達していくのを感じて、我ながらいい母親だとほくそ笑んでいたりもします。

夫は一人よがりだと言いますがそれでもかまいません。とにかく息子の機嫌がよければそれでよかったのです。

でも、小さなころから甘やかして育ててきたことで、ひょっとしてマザコンにさせてしまったのかもしれないと思うこともありました。たぶん、なんでも彼の言いなりになっていた私にも悪いところがあったと思います。

それは、受験勉強をしている深夜に起きました。

その日もいつものように息子の受験勉強に夜食を持っていってあげようと思っていたのです。

そこまでは、いつもとなんら変わらない日常でした。

ただ、当日、早い時間におやつを持っていったとき、息子の貞治《さだはる》は少しだけソワソワしていました。たまには勉強に疲れを覚えることもあるだろうとたいして気にもとめませんでした。

深夜二時を回りました。

私は、夜食を届けようと息子の部屋に入っていきました。

部屋はドアに鍵がかかるようになっているのですが、これまで鍵を使うことはありませんでした。

しかし、その日に限ってなぜか鍵がかかっているではありませんか。

（どうしたんだろう？）

そのときは不審に思わず、たいへんなことだとは思いもしませんでした。

けれど、考えてみると息子も性へ興味をもつ多感な年ごろであるということを私は忘れていました。世の中にはたくさんのワイセツ画像や、動画が氾濫しているのですから、息子がそれに毒されても当然のこと。その事実を私は忘れていました。

トントンとドアをノックしながら息子の名前を呼びます。

「貞ちゃん、どうしたの？　鍵がかかってるよ」

声をかけたのですが、返事はありません。

何度か声をかけているうちにきちんと鍵がかかっていなかったのでしょうか、ドアが開きました。

「どうしたのよ、鍵がかかっていたわよ」

能天気な声だったと思います。

ガタンとドアを開いて中に入っていきました。すると、

「あ！　だめだ！　入ってきちゃ！」

と息子があわてています。

何をしているのだろうと思ってよく見ました。

「何してるの?」

下半身が裸のままベッドに横になっていたのです。

「あ、貞ちゃん……」

驚きました。まさか息子がそんなことをしているとは思ってもいなかったからです。

そうです、息子は一人でオナニーをしていたのです。しかもベッドの上には、ヘアヌードのグラビアがところ狭しとまき散らされていました。一枚や二枚ではありません、十枚以上もあったでしょうか。それらを見ながら、自分自身をしごいていたのです。

「な、何をしているの……」

驚いて声がかすれてしまいました。

何をしているのか一目でわかるのですが、そのときはほかの言葉が浮かんできませんでした。

「ママ……」

息子は呆然《ぼうぜん》とした顔で私を見つめます。

二人の時間がそこで止まったような感じでした。

(ここにいてはいけない!)

頭の中でいろんなことを考えました。

(男の子なんだから仕方のないこと、むしろ、当然の行為なんだから)

自分に言い聞かせます。

「貞ちゃん、ごめん、ママ……」

そう言って部屋から出ようとしました。すると、息子が分身を立たせたまま、私にすがりついて、

「パパには内緒だよ、言わないで、こんなことしていたなんて」

主人は、厳格な人なので勉強時間にオナニーなどしていたとわかると、どんな説教をされるかと心配したのでしょう。

「わかったわ、言わないから。大丈夫だからね」

勃起したままのペニスから目を離して、私は努めて冷静に答えました。

すると、息子は涙ながらに訴えるのです。

好きな女の子ができて、彼女のことばかりを考えて勉強が手につかないのだと言うではありませんか。

年ごろなのだからしょうがないと思いました。それもいってみれば青春の一時期のことでしょう。だけど、息子にとっては切実な問題です。その気持ちをまぎらわせるため、あるいは好きな彼女の裸を思い浮かべオナニーをしていたのでしょう。

「そうなの……」

男の子にはこんなとき、どう対処したらいいのかわかりません。

相談に乗ってあげたいのはやまやまですが、なにしろ目の前にある勃起したペニスが目の毒でした。主人のペニスよりも大きくて硬そうだと思ってしまった私は、悪い母親かもしれません。

「好きな女の子ができるのは、貞ちゃんの年ごろならあたりまえのことだから、気にしなくていいのよ」

あたりさわりのない返事をすると、息子は、ベッドに寝たまま私のスカートにすがりついて、つぶやきました。

「彼女の裸がいつも頭の中を……」

女性の裸を妄想してしまうようです。

（そうか……そうよね、女の裸を見たい、だからこんな写真をいっぱい並べていたのよね……)

　息子の気持ちがちょっとだけ理解できたような気持ちになりました。

「そうなのね……そうなの……」

　同じ言葉しか浮かんできません。

　しかし、彼の勃起したペニスを見ていて、また、彼の気持ちを理解できたとたん、私の頭には悪魔のささやきが浮かんできたのでした。

(私が貞治の処理をしてやればいいんだわ。私が女の裸を教えれば、きっと落ち着いて勉強に気持ちを向けてくれるに違いないわ)

　それが正しいことか、いけないことか、判断できなくなっていました。息子のオナニーを目撃してしまった私の脳は、正常さを欠いていたのでしょう。だけど、そのときは解決する最良の方法だと信じてしまったのです。ほかにいい方法はないと思いこんでしまったのです。

　ふと目を彼に向けると、勃起したペニスは、まだそのままビンビンに立っています。よく見ると亀頭の先端からは、透明の液まで流れ出ているではありませんか。

(かわいそうに、そのままにしていてはかえってよくないかもしれないわ)

決心しました。いまの貞治の気持ちを爽《さわ》やかに、そしてすっきりさせることができるのは、私しかいないと。

「じゃ、こうしよう……」

息子の泣きじゃくる顔を見て、静かに私は話しかけます。

「何?」

涙だらけになった顔で、息子が見つめてきました。

「ママが貞ちゃんの相手をしてあげるから、それで我慢できない?」

「え? ママが?」

「そう、ママがあなたの女になって、シコシコしてあげるの。女の裸がどういうものかも見せてあげる、気持ちよくもさせてあげるわ」

息子は、まさかという顔つきで私をじっと見つめていました。

確かに、普通考えたらとんでもない提案です。

でも、そのときの私は、最善の回答だと思っていました。

「どう? いい考えでしょう、まずは、ほら、それからなんとかしないと……」

勃起したままになっている息子のペニスに手を伸ばしました。

息子は、「あっ」と言って腰を引きます。

「だめだめ、いいからそこに寝なさい」

ベッドの上であおむけにさせ、私は手で大きなペニスをつかみました。

すると息子は、黙って目をつぶりながら息を吐き出し、

「あ、あうん」

と悩ましい声をあげます。赤ん坊のときにもチ〇チンを洗ったり、汚れを取ってやったりしたことを思い出しました。それだけに、抵抗感はほとんどありませんでした。

むしろ、また息子のためになることをしてやれる、そんな気持ちのほうが大きくなっていたのです。

気持ちが固まったら今度は私の性的な気持ちが高揚してしまいました。

「貞ちゃん、どこが気持ちいいの？」

息子は、恥ずかしいのかそれともまだ気持ちの整理がつかないのか、答えはありません。それも無理のないことなので、私は、自分のテクニックを息子にすべて披露してやろうと思っていました。

大人の女というのは、こういうものだと見せてやりたかったのです。

「ほら、男の人ってここをさわられると気持ちいいんでしょう？」

亀頭からカリに向けて、スリスリとさすってあげます。

息子は、小さくうめき声をあげながら腰を上下させました。

(ふふ、感じているのね、もっとこれからいい気持ちになるからね)

驚いたことに、私自身もジクジクとぬれ始めています。

(最近、ご無沙汰だから)

夫は、忙しいためになかなか私の肉体にふれてくれません。

「どう？　貞ちゃん、声出していいのよ」

息子は、手で顔をおおいながら、うう、とうめき声をあげるだけです。

「どうしたの、顔隠して。恥ずかしいの？」

彼は、それでも答えてくれません。しょうがないでしょう。いきなり母親が自分の性の処理をしようとしているのですから、まだ気持ちの整理がついていないのかもしれないとそのままにしておくことにしました。

それに、感じる顔つきを母親に見られるのは確かに恥ずかしいことかもしれないと思ったからです。

カリのところを中心にして夫にもしないほどていねいにこすり上げます。

「ほら、いい気持ちでしょう？」

受験のときのモヤモヤとした気持ち、そして彼女の裸を思って落ち着かない気持ちになる日々のモヤモヤを解消してほしい……私も一所懸命でした。

ついでに久々の性の悦楽を自分も満喫してやろう、そんな思いがなかったといったら嘘になるでしょう。年齢を忘れて息子と快楽を楽しもうとしていた私は異常でしょうか？

「自分でするより気持ちいいでしょう？」

返事はありません。いえ、答えがほしくて声をかけているわけではないのです。自分自身を高めるためには、しゃべりながらのほうが集中できるし、また、気持ちも深めることができるからです。

途中から息子のためと同時に自分へのサービスみたいな気持ちになっていました。

「ふふ、すごいよ、いっぱいお汁が出てきた……」

手でゴシゴシとしごきながら、ツバを亀頭に引っかけます。いつか見たＤＶＤのまねでした。夫にはそんなことをしてあげたことなどありません。

ツバだらけになった息子のペニスは、色が変わってきました。

「まあ、大きく、硬くなってきたよ」

赤黒く変色した息子のペニスは、ビックリするほど大きく、また、そり返っています。こんなペニスを自分の中に咥《くわ》え込んだらどんなに気持ちいいことでしょうか。

そう考えただけで、イキそうになってしまったのです。

（まさか、もう、イッちゃうのかしら、私が先に？）

息子のペニスをしごいているだけでこんなに快感が深くなるなんて思ってもいませんでした。おそらく、彼の気持ちを楽にしてやりたいという思いが自分の肉体にも影響したのでしょう。

私はスカートをまくり上げました。そして体を横に向け、お尻が息子に見えるようにしたのです。そのときはいていたのはピンクの薄い生地のパンティでした。思いっきりお尻を息子に向けて、いやらしく動かします。自分でもそんな格好をして卑猥《ひわい》だと思いながらの行為です。

「どう？　女のお尻ってこうなっているのよ。見てみなさい」

ペニスをクルクルとしごきながら、もう一方の手をお尻に伸ばしてパンティの中心部分を指でなで回しました。ふだん、オナニーなどしたことはほとんどありません。

（息子の前でこんな格好をするなんて……ああ、私も感じるわ……）

喘ぎ声が出そうになりました。

「ママもなんだか、いい気持ちになってきたわ。ぬれてきたみたい……。見たいでしょう、女の人のアソコを」

ささやきながら、どんどん興奮していく自分を感じます。

「ママのパンツもぬれてしまってるわ」

パンツの横から指を入れてしまいました。

（こんなことなら陰毛をきちんと手入れしておけばよかったわ……）

若いころは水着を着るために、陰毛をそろえたりしていたのですが最近はほとんど生えっぱなし。でも、いまさら遅い話なので、迷いを吹っきりパンツの横から指をもぐり込ませていきました。

「あぁ、ママ、すごくぬれちゃったみたいよ……」

指を膣の中まで突っ込んでしまいました。

「後ろからだけどママの指が膣の中に入っているのが見えるでしょう？　グジュグジュとぬれているのが見えるでしょう？　女の人はねえ、興奮してくるとみんなこうなるのよ」

ひとり言なのですが、どんどん快楽は深みにはまっていきます。

息子を盗み見ると、顔をおおっていた手をはずして、私のお尻を見つめているようでした。

「あら、見てるのね、ふふ、いいのよ、ちゃんと女の性器がどうなっているのか知るのもあなたたちの年齢では大事なことよね」

お尻からもぐり込ませていた指を一度抜いて、パンティをお尻側からおろしていきました。思いきって全部息子に見せてしまいたいと思ったからです。

すべてを見せることで、母親としての役目を果たすことができる……そんな思いにかられていました。

「いまから全部見せてあげるわね」

黒々とした隠微な谷間を見て息子がどんな思いをいだくのか、わかりません。でも、中途半端はかえっていけないのではないか、と性器のすべてを見せることにしました。

「ほら、いい？　いまからパンツ脱ぐからね、しっかり見るのよ」

お尻を振りながらパンツを脱ぎました。

スッと風がお尻をなでます。冷たい感触がワレメの上を通り過ぎます。

不思議な感触でした。息子の視線がそんな風を招いたのではないかとさえ思ってしまったほどでした。

「大人のおっぱいも見せてあげないとね」

うわごとのようにひとり言をつづけながら、私は上着を脱いでブラジャーもはずし、乳房を出しました。それから体を入れ替えて息子の正面を向くと、彼はむしゃぶりついてきました。

「そろそろいいかしらね、入れたくなったでしょう?」

むしろ、私が我慢できなくなったといったほうがいいかもしれません。

正面を向いた私は、彼の太もものあたりをまたぎました。

上半身は服をはだけて下半身は丸裸。

考えてみたらとんでもなく、淫らな格好です。とても受験生の母親がする格好とは思えません。自分で自分の姿を想像して思わず笑みを浮かべたほどです。

それでも息子のペニスをしっかりつかんだままです。

しごきながら体を前に移動させて、

「性器ってどんな匂いをしているのか、かがせてあげるからね」

空《あ》いている手で陰部をさわり、思いっきりぬれたお汁を指に塗りたくりました。

それを息子の鼻のそばに近づけ、さらに唇の中に突っ込んであげたのです。

「ほら、いい匂い？」

息子は、ウグウグと意味不明の声をあげてイヤイヤをしました。さすがにいきなり口の中に淫液がくっついた指を差し込まれてあわてたようでした。

「ちゃんと指をなめなさい、ママの味なのよ」

と言いながら、私はペニスをつかんでお尻の奥へと導きました。

「いまから貞ちゃんのチ○チン、ママの中に入れるからね。どうやって入っていくのか、どこに入り口があるのか、よく見ておくのよ。好きな彼女とセックスするときに、わからないと困るでしょう？」

わざと膝を大きく開いて、膣の入り口を指で左右に開き、亀頭をワレメに当てがい、一回そこで止めます。

何度か膣口の周辺でクルクル亀頭を回して、それからお尻をおろしていきました。ヌルヌルになった私の膣はすんなりと息子のペニスをのみ込んでいきます。

「ママ、すごく気持ちよくなったわ……貞ちゃんもいい気持ちでしょう？　ママの中に入れた気持ちはどうかしら」

奥まで息子のペニスが沈んだ瞬間、いきなり腰を使ってしまいました。

まだ童貞の息子には刺激が強すぎるかもしれないと思いながらも息子の胸に手を当てて、上半身はそらせながらお尻だけを前後に動かしたのです。

陰毛がこすれて痛いほどでした。激しく動いたからでしょう。

なるべくペニスが埋まっている場所が彼にはっきり見えるように、大きく膝を開きました。

「ヌラヌラしているでしょう？」

「う、うう、気持ちいい……」

初めて息子がはっきりと言葉を出しました。私はうれしくなり、ますます腰を激しく振り回します。

次に、和式のトイレにはいるような格好をとって、お尻を上げたり下げたりすると、息子のペニスのカリが膣の入り口に引っかかります。

その刺激は頭のてっぺんまで突き抜けていくような感じでした。たぶん、久々のセックスだったからでしょう。

処女のときと同じとはいいませんが、忘れかけていた性の快楽を思い出しました。

息子のペニスが突然大きく変化し始めました。

「貞ちゃん、だめよ、中で出したらだめだからね」

あわてて叫びました。

そんなことを言ってもセックスが初めて男の子が射精をコントロールできるはずはありません。ペニスのふくらみ具合と硬さの変化で、経験的にもうすぐ爆発してしまうだろうとわかりました。

私は、お尻を上げてペニスをはずしました。手でしてあげるのはもういいだろうと思い、今度は、性器でペニスをこすってあげることにしたのです。

膣の中ではありませんが、ぬれぬれになった性器でこするのですから、ペニスには膣と似たような感触が伝わるはずです。

腰を落とし、ペニスを陰部に押しつけ、前後に動いて裏筋の部分を集中的に刺激しました。

陰部をこすりつけるだけではなく、手のひらで亀頭からカリにかけていじり回します。それだけ刺激すると、童貞の息子は我慢ができなくなるはずです。

射精させるのが目的の一つでもあったわけですから、できるだけ気持ちよくさせたいと思うのは当然でしょう。

母親の陰唇と手による刺激を受けながらも好きな女の子の顔を思い浮かべてい

るのかもしれません。

それは仕方のないことです。

それでも私は息子の性処理を楽しく思っていました。

自分のためにも、今後もつづけたいと思いながら一心不乱に腰を振り、手を使って息子を刺激しました。

私が彼にしてあげられることなら、なんでもしてやりたい。それが母親の愛というものだと思うからです。

まちがっていようがいまいが、そんなことは私にはどうでもいいことなのです。

「貞ちゃん、出してもいいよ、ママの手とアソコのそばに飛ばしてもいいからね、思いっきり好きな彼女のことを思って飛ばしていいからね」

息子は、うんうんとうめき声が大きくなり、お尻の力が入りだしました。

これから本格的に爆発するのねと思っていると、突然、彼は上半身を起こして叫びました。

「ミホちゃん！」

好きな女の子の名前がミホというのでしょうか。その名前を叫んだ瞬間、とうとう爆発してしまいました。彼が吐き出した精液はおびただしい量でした。私のお腹から二の腕まで飛び散ったのです。

息子は射精した解放感からか、息をフゥと一回二回と吐き出しました。

「まあ、いっぱい出たわねぇ。貞ちゃん、ずっと我慢していたのね、彼女の顔、思い浮かべて思いっきり出して、気持ちよかったでしょう?」

うんと小さく答えて、また恥ずかしそうに腕で顔をおおってしまいました。

そんな彼を見て、私は幸福感に包まれていました。息子のモヤモヤを解消してあげることができた思いが、強い満足感を与えてくれたからです。

これで当分は勉強に力を入れることができるかもしれない。でも、心配もありました。男は、一度女を知ると、その快感を忘れられず、すぐまたセックスをやりたがるということを知っているからです。特に若い男は例外なくいえることでしょう。

そうなったら、また私がやってやればいいと思っています。息子のためにも、私が快楽を楽しむためにも。一石二鳥というわけです。

「貞ちゃん、いい気持ちだったでしょう? またオナニーをしたくなったらママを呼んでちょうだい。いつでも貞ちゃんをすっきりさせてあげるからね。パパには内緒よ、いい?」

「う、うん……わかった……」

息子は顔をおおっていた手をはずして、私の目を見て答えてくれました。

その目は恥ずかしそうにしながらも、とても満足した表情をしていました。その顔つきを見ただけでも、

(受験のあいだは、私が相手をしなくては……)

という気持ちに強くさせてくれたのです。

# 甘えん坊の甥を胸元に抱きしめて慰めた秘密の夜

西川理奈（仮名）会社員・三十一歳

私は三十一歳の独身のＯＬです。都内で一人暮らしをしながら、食品関係の会社に勤めています。

ある夜、私の携帯電話に見知らぬ番号で着信がありました。いったい誰からだろうと思いながらも電話に出てみると、それは警察署からの電話でした。

警察から電話が入るような覚えはないのにと思いながらも用件を聞くと、高校一年生になる甥の幸喜《こうき》が深夜、繁華街をウロウロしているところを補導されたというのです。

あまりにも突然のことに、私は驚いてしまいました。

さらに驚いたのは幸喜が身元引受人として両親ではなく、叔母である私を指名したことです。

幸喜は私の姉夫婦の一人息子です。システムエンジニアとして働いている姉は、私とは違い仕事のできるやり手のキャリアウーマンです。

姉は仕事柄、帰宅も遅く、子育てよりも仕事にばかり夢中になっていました。どうして私が身元引受人になるのだろうかと思いましたが、補導されてしまった幸喜を放っておくわけにはいきません。私はあわてて連絡をもらった警察署へと向かいました。

警察署に着くと、すっかりしょげ返っている幸喜の姿がありました。

警察としては何か事件や問題を起こしたわけではなく、ただ繁華街を徘徊していたというだけのことでしたので、すぐに帰宅してよいということになりました。警察は見るからにまじめそうな幸喜が、たまたま繁華街にいたところを補導されてしまっただけのことと判断してくれたようでした。

幸喜は日ごろから成績もよく、素直なよい子です。

そのせいか、幸喜は姉にひどく叱られると思ったのでしょう、姉には内緒にしてほしいと私に懇願しました。

警察でも姉の連絡先については頑として答えずに、私を身元引受人に指名したのはそのためだというのです。

でもこんな重大なことを、母親である姉に内緒にすることはできません。私はやむをえず姉の携帯電話宛に電話を入れ、幸喜が補導されたことを伝えました。

姉の反応は意外なほどあっさりとしたものでした。実の息子が補導されたというのに、動じる気配すらありませんでした。

それどころか今夜は仕事で遅くなるから、できれば私のところに泊めて夕食を食べさせてやってほしいなどと言うのです。

そして、翌日は日曜日なので夜までに帰してくれればかまわないからと、平然と言い放ったのです。

私はあまりにも子育てに無関心で、無責任な姉の態度に少しあきれてしまいましたが、結局、警察署から幸喜を引き取ると、一人住まいのマンションへと連れて帰りました。

ふだんはめったに姉に手料理など作ってもらえない幸喜のために、私は夕食を作って食べさせました。夕食を食べて安心したのか、幸喜は少しずつ今回のことを話し始めました。

姉は子育てにはまったく無関心なくせに、成績のことについてだけはあれこれと口うるさく干渉するのだそうです。

いまでさえ塾通いに追われているというのに、さらに休日まで塾通いを強要したというのです。

両親からかまってもらえないさびしさと、成績を上げなくてはいけないプレッシャーに押しつぶされそうになった幸喜は、塾をサボると、これまで一人では行ったことのない繁華街を何の気なしにフラフラと歩いていたところを、それこそ運悪く補導されてしまったということでした。

私は幸喜がかわいそうになってしまいました。

私も子供のころは、両親から成績もよく行儀のよい姉となにかと比べられ、ずいぶんとつらい思いを味わっていました。

補導されてから、私が行くまで不安を感じていた幸喜の胸中を思うと、その思いは察するにあまりあります。

夜も遅くなっていたので、私は姉に言われたとおりに幸喜を泊めることにしました。

私たちは順番にお風呂に入り、就寝のために着替えました。幸喜に少し大きめのスウェットウェアを貸しました。

なにぶん女の一人暮らしですから、1DKの狭いマンションです。もちろんベッドも一つしかありませんし、シングルサイズの狭いベッドです。

かといって、ロータイプの二人がけの小さなソファで寝ろというのは、百七十センチ以上はある体格のよい幸喜には酷というものです。

私は「狭いベッドだけれど、ソファよりはマシでしょう」と言うと、幸喜といっしょに寝ることにしました。

狭いベッドなので、どうしても幸喜と体が密着してしまいます。若い男の子と体がべったりとくっついてしまったことに、私は心ならずも少しドキドキしてしまいました。

「理奈《りな》さんって、とってもいい匂いがする」

私の心中を知らずに、幸喜は私の首筋のあたりをクンクンとかぎながら、甘えるような声を洩らしました。

薄暗いベッドルームで隣に寝ている幸喜は、なかなか寝つけないのかポツリポツリと話しかけてきます。

「ぼくね、いっつも一人で晩ご飯を食べてるんだ。お母さんの作ってくれるご飯なんて、めったに食べたことないよ。いつもコンビニのお弁当。だからね、今日理奈さんにご飯を作ってもらって、すごくうれしかったんだ。それにすごくおいしかったよ」

幸喜は私の手料理に感謝するように、賛辞の言葉を並べました。お世辞なんて言うことのない年代の男の子の口から、そんな言葉が出てくることがとてもいじらしく思えてしまいます。

身長はすでに私よりも大きいのに、無邪気な言葉で素直に感謝する幸喜は、まるで体格だけが大きく育った幼児のように思えました。

両親から放任されている幸喜に同情すると同時に、私は無責任な姉に憤りを覚えていました。

実際に姉は幸喜を妊娠したときも、あまり喜んでいる様子はありませんでした。まあ結婚もしたし、年齢的にもそろそろ産んでおこうかしらという程度の反応で、これから母親になる女性とは思えない、とても素っ気ない態度でした。

幸喜が産まれた後も、最低限の産休だけを取ると早々と職場に復帰してしまい、乳児だった幸喜は保育園に預けられっぱなしだったのです。

そのころはまだ学生だった私は、姉の代わりに保育園に迎えに行ったり、オムツや食事の面倒なども見ていました。考えてみれば、ずいぶんと幸喜の成長には貢献していたのです。

私はすっかり大きくなった幸喜の成長をあらためて実感しました。

「理奈さんのほうが、お母さんよりもよっぽどホントのお母さんみたいだ」

幸喜は甘えるように、ピッタリと体をくっつけてきます。スウェットウェア越しにも、体温が伝わってきます。

「大っきくなっても、甘えん坊は変わんないのね」

私はそう言うと、幸喜を胸元にギュッと抱きしめてやりました。幸喜は、黙って体を委《ゆだ》ねています。

「あったかいや。それに理奈さんのオッパイって、柔らかくて気持ちいい……」

幸喜は目を伏せると、気持ちよさそうに安堵《あんど》の吐息を洩らしました。

「やだっ、幸喜ったら」

思いもよらなかった幸喜の言葉に、私は思わず体を離そうとしました。すると今度は逆に幸喜が、私の体にしっかりとしがみついてきました。

「だって、ぼく、お母さんにこんなふうに抱っこしてもらったことなんて、全然ないんだもん」

幸喜は私のオッパイの谷間に顔を埋めると、グイグイと顔を押しつけてきます。でも、それは大人のエロティックな愛撫ではなくて、まるで母親に甘える幼児のような無邪気な行為なのです。

私は幸喜の行為を押し止めることもできずに、黙って抱きしめました。

「ホントに柔らかくって、あったかくて気持ちいい」

幸喜はオッパイに頬《ほお》をこすりつけてきます。

「ねぇ、理奈さんの……オッ、オッパイ、さわってもいい?」

幸喜は遠慮がちに小さな声で尋ねました。まるで幼いころに飢えていた母性を無心に求めているみたいです。

「でも……」

幸喜の言葉に、なんとも言えない恥ずかしさを感じた私は即座に答えることができずに、口ごもってしまいました。

「だって、ぼく、お母さんにこんなふうに甘えたことなかったんだもん。ずっと甘えたかったんだもん」

幸喜は少し口を尖《とが》らせて、オッパイにふれたがりました。無邪気に甘えている幸喜の顔を見ていると、その切ない願いを無下に断ることのほうが、よほどよこしまなことを考えているみたいに思えてしまいます。

「わかったわ、お母さんのオッパイだと思って……、さわってもいいわよ」

私は幸喜の目を見つめ返すと、幸喜の右手を取りました。

少し恥ずかしさは感じましたが、これはエッチな行為ではないんだと自分に言い聞かせると、幸喜の右の手のひらをオッパイのふくらみにそっと押し当てました。

「わあ、すっごく大っきいや。それにプニュプニュして気持ちいい……」

幸喜はオッパイのふくらみと柔らかさに、うれしそうに声を弾ませました。右手はオッパイの大きさと感触を確かめるように、クニクニともみしだいています。

「すごい、すごい。女の人のオッパイって、あったかくて柔らかくって、すっごいや」

幸喜は右手だけではなくて、左手もオッパイのふくらみに伸ばしてきました。

私は拒むこともできずに、幸喜の行為を黙って見守っていました。

お風呂上りでブラジャーを着けていないので、手のひらはパジャマの布越しにオッパイをまさぐっています。

「ねぇ、パジャマの上からでなくて……、ちゃんと……ちゃんとさわってもいい？」

幸喜は無邪気な笑顔を浮かべると、少し恥ずかしそうに尋ねました。

「……そっ、それは……」

幸喜の願いに、私は正直とまどってしまいました。まるで幼いころに戻ってオッパイを求めている幸喜ですが、その体はすでに大人の男性と変わらないのです。

「だって、だって……、ぼく、ずーっと、オッパイに甘えたかったんだもん」

幸喜は唇を尖らせると、駄々っ子のようにベッドの中で体を揺さぶりました。

その様子を見ていると、まるでほんとうに幼い子供のように思えてしまいます。

「もうっ、困った甘えん坊さんね。わかったわ、さわってもいいわ」

私はそう言うと狭いベッドの中で体をくねらせながら、パジャマの上着をゆっくりと脱ぎました。

「わあ、理奈さんのオッパイだっ」

薄暗い部屋の明かりに浮かび上がった私のオッパイに、幸喜は歓声をあげました。百五十五センチと小柄な私ですが、オッパイだけはEカップもあるんです。

細身でオッパイもあまり大きくはない姉に比べると、驚くくらいに立派なオッパイなんです。

「すっごいやっ、すっごいやっ。大っきくてきれいなオッパイだあっ」

幸喜は剝《む》き出しになったオッパイに両手を伸ばすと、手のひらの中にしっかりと収めました。

何一つ着けていないオッパイを握りしめた手のひらは、恐る恐るそのふくらみをキュッキュッともみしだきます。

「うっ、うーん……」

その手のひらの温もりと力強さに、私はかすかな吐息を洩らしてしまいました。心ならずも体がのけぞってしまいそうになります。

「えっ、どっ、どうしたの？」

私の反応に幸喜は心配そうに、私の顔を見ました。まっすぐに見つめる視線に、はしたない声を洩らしてしまった私は言葉では表しがたい恥ずかしさを覚えました。

「ううんっ、なんでもないのよ」

私は首を左右に振ると、なにごともなかったかのように幸喜を両手で抱きしめてやりました。

抱きしめた拍子に、幸喜の顔がオッパイの谷間にすっぽりと埋もれてしまいます。

幸喜はうっとりとした声を洩らすと、柔らかく揺れるオッパイに頬ずりしています。

「あっ……」

私は背筋を大きくのけぞらせると、甲高い声を洩らしてしまいました。オッパイのてっぺんに位置する乳首に、湿っぽいぬるついた温もりを感じたからです。

わずかに開いた幸喜の唇は、私の乳首をしっかりと含んでいます。柔らかくしっとりとした舌先は、まつわりつくように乳首をなめ上げています。

「ああっ、オッパイだ。あったかくて柔らかくて……、おいしいよおっ」

幸喜はミルクを吸いだすように、チュッチュッと音を立てながら乳首を吸いしゃぶってきました。

「ああんっ、だめよ。吸ったりしちゃ……、そんなことをしても……オッパイなんて出ないわっ」

私はのど元をそらせながら、エッチな声をあげていました。舌先が乳首をチロチロとなぞり上げると、ジワッとした心地よさが込み上げてきます。

「だって、だって……オッパイおいしいんだもん。おいしくて……いっぱい吸いたくなっちゃうよっ……」

私の制止の声も聞かずに、幸喜は乳首に懸命に吸いついてきます。初めは柔らかめだった乳首は、執拗《しつよう》な吸いつきに次第にコリンコリンに硬くなっていきます。

「もっと……もっとくっついてもいい？」

幸喜は乳首を含みながら甘えてきます。両方の手のひらは、オッパイのふくらみをしっかりと握りしめていました。

柔らかく温かなオッパイのふくらみは、幸喜にとっては母親の象徴のようなものなのでしょう。つくづく母親の愛情に飢えていたのかと思うと、私は幸喜を力を込めて抱き寄せました。

シングルサイズのベッドの中で、向かい合った格好で私たちは抱き合っていました。上半身裸の私の体に幸喜の体が密着します。

（あっ、この子ったら……）

驚いた私はビクリと体をふるわせました。太もものあたりに、幸喜の股間が当たったのです。

幸喜の股間はギンと硬くそり返って、太ももを力強く押し返してきます。私は思わず体を引いてしまいました。

「理奈……さん？」

突然体を離した私の様子に幸喜は驚き、不審に思ったようでした。

「ああっ、幸喜……。だって…あなた……、オ…チ○チン……を」

私は実の甥の勃起を感じてしまったとまどいに、思わず言葉を詰まらせてしまいました。

「だって……、だって……」

私に勃起していることを気づかれてしまった幸喜は、恥ずかしそうにうつむいてしまいました。

考えてみれば、幸喜だって年ごろの男の子です。オッパイをしゃぶっていれば、勃起してしまったとしても不思議ではありませんし、そうでなければかえっておかしなものかもしれません。

私自身も愛情に飢えた幼い子にオッパイをしゃぶらせているようなつもりだったというのに、いつの間にかいやらしい気持ちを覚えていたのも事実です。

「大丈夫よ、男の子がそこを硬くするのはあたりまえのことなのよ。恥ずかしいことでもヘンなことでもないわ」

私はそう言うと、太もものあたりにふれる幸喜のものを指先でそっとなぞり上げました。

まだまだあどけない子供だと思っていた幸喜のペニスは、びっくりしてしまうような逞《たくま》しさで私の指先を押し返してきます。

指先に感じる硬さに、私は胸が高鳴るような興奮を感じていました。

「理奈さん……？」

幸喜は頬を赤らめながら、私の顔を見つめています。

「幸喜も私のオッパイを見たでしょう。叔母さんも幸喜が大人になったところを見たいわ。お洋服を脱いで、硬くなっているのを見せて」

私の言葉に幸喜は恥ずかしそうにうなずくと、身に着けていたスウェットウェアとブリーフを脱ぎ、生まれたままの姿になりました。

子供のころはオムツを替えるときに見ていた幸喜のオチ○チンですが、こんなに成長してから見るのは初めてのことです。

幸喜のものは若い男の子らしいきれいなピンク色で、亀頭の先まですっぽりと包皮に包まれていました。

私は硬くそそり立っているペニスを指先でしっかりとつかむと、ズルンと包皮を剝き上げました。包皮が剝けると、かわいらしい亀頭が露出しました。

私はカチカチに勃起しているそれに顔を寄せると、その先端をパクリと咥《くわ》えました。口の中に含むと、驚いたようにピクンとうごめきます。

「あーっ、気持ちいいっ……、あったかくてヌルヌルして、オチ○チンが気持ちいいっ」

幸喜は目を閉じると、口での愛撫の気持ちよさを味わっています。ヒクヒクとうごめいている先端からは、ねばっこい先走りの汁が溢《あふ》れていました。

「気持ちよすぎてヘンになっちゃうよ。ぼく、ヘンになっちゃうよっ」

「大丈夫よ、ヘンになったっていいのよ。叔母さんだってオチ○チンを咥えていたら、エッチでヘンな気持ちになっちゃうわ」

私は咥えたまま体を揺さぶると、着ていたパジャマとショーツを脱ぎおろしました。

「叔母さんだってヘンになっちゃってるのよ。ほら、叔母さんがエッチになっているところをさわらせてあげるわ」

私は幸喜の手を取ると、大きく太ももを広げて指先をバックリと割れている部分に導きました。

「ああっ、ぬるぬるになってるっ」

幸喜はびっくりしたように声をあげると、とっさに指を引っ込めようとしました。でも私はその指を放しませんでした。

私は幸喜の指をしっかりとつかんだまま、ぬれているビラビラやクリトリスをさわらせました。

「ねっ、叔母さんだってエッチな気持ちになっちゃってるのよ。ここだってこんなになっちゃってるの」

私はアソコのぬめり具合に驚いている幸喜に優しくささやくと、彼の体を押し倒しました。幸喜の体の上に馬乗りになると、長いまつ毛をふるわせている幸喜の唇にキスをしました。

初めは私の舌先を受け入れるだけだった幸喜も、やがて舌を私の口に差し入れると口の中をレロレロとなめ回してきました。

唾液が糸を引くようなねちっこいキスに、私の股間もズキズキとうずいてしまいます。私は自分の中に幸喜を受け入れたくて、仕方がなくなっていました。

「ねえ、今日のことは二人だけの秘密よ」

私が耳元でそっとささやくと、幸喜は無言でこくりとうなずきました。私は膝立ちになると、お腹につきそうなくらいにそそり立っているものの上にまたがりました。

ゆっくりと腰を落とすようにして、ペニスをヴァギナの中に埋め込んでいきます。硬いものが肉を押し広げながら入り込んでくる感触に、私は体を大きくしならせていやらしい吐息を吐き洩らしました。

「ああっ、理奈さん、オチ〇チンが……オチ〇チンが締めつけられるっ。あーっ、気持ちいいよーっ」

幸喜は馬乗りになった私の乳首をまさぐりながら、女の子みたいに甲高い声で喘《あえ》いでいます。力を込めてオッパイをもみしだかれると、少し痛いくらいです。

「あーん、理奈さんっ、出ちゃうよっ、気持ちよすぎて出ちゃうよっ」

「いいわ、出して……。叔母さんも……叔母さんもおかしくなっちゃうわ」

私たちは重なり合ったまま抱き合うと、はしたなく腰をぶつけ合いました。深く浅くと股間をえぐるように激しい抜き差しに、気がヘンになってしまいそうです。

「ああーっ、だめだよ。もう、だめだよーっ」

幸喜はベッドの上で体を大きく弾ませると、私の中に熱い精液を注ぎ込みました。

次の日の夕方、少しだけ大人になった幸喜は姉のもとに戻って行きました。あの夜のことは、永遠に二人だけの秘密なんです。

# 女性に関心を示さない息子を心配して女体のすばらしさを教え込む母

高倉綾乃（仮名）主婦・四十二歳

四十二歳になる主婦です。

息子のことで悩みがあります。

息子は十七歳になるのですが、同年代の男の子と比べるとちょっと変わっているようなのです。

何が変わっているのかと申しますと、いい年をして、なぜか男性アイドルに興味を持っているようなのです。

わたしは芸能人のことにはまったく詳しくないのですが、息子の部屋からはテレビで見るような男の子の歌がよく聞こえてくるのです。

幼少のころから、そんな兆しはあったのかもしれません。

小学校に上がる前は、どんな男の子でもそうだと思うのですが、変身ものというのか、テレビの中のヒーローにあこがれて、おもちゃを買い揃えたり、まねごとをしたりしておりました。

それがいつの間に飽きてしまったのか、自分より年上の男性アイドルに興味を持つようになったのです。

なんという名前のアイドルだったかは覚えていないのですが、息子にはお気に入りのアイドルグループがあり、その子らがテレビに出ていると、いっしょになって歌うようなありさまでした。

当時は、まだ小学生の子供なのだからと、男も女も関係なく気に入った歌があればいっしょになって歌うくらい、どうこう思うことはありませんでした。

しかしそれが小学校の五、六年生から中学生なってまで、そんなふうだとさすがに心配になりました。

中学生になると声を張りあげて歌うような幼稚なことはしなくなったのですが、テレビやラジオで好きなアイドルの曲が流れると、鼻歌でも口ずさむようにリズムを取っているのです。

そのころ、クラスの女の子から何度か電話がかかってきたことがあり、わたしはやっと息子にもガールフレンドができ、女の子にも興味が持てるようになったのだと安心したこともあります。

ですが、そんな安心感がつづくことはありませんでした。

前にも増して、息子の部屋からは男性アイドルの歌声が大きな音で流れ、部屋には何枚ものポスターが貼られていたのです。

息子の部屋でそれを見たときには驚いてしまいました。

笑顔の少年が上半身裸でニッコリと微笑んでいるのです。これはどう見ても女の子向けのものとしか思えません。

ひょっとしたら、息子はこういう男の子たちを性的な対象にしているのではないかとさえ考えてしまいました。

「こんな男の子たちのどこがいいのか、母さんにはさっぱりわからないわよ」

そんな話を冗談まじりにしてみたこともあります。

しかしそれも逆効果でした。

「うるさいな。母さんには何もわからないよ。いいものはいいんだよ。人の趣味なんだからほっといてよ」

口を挟もうものなら、なんだかんだと理屈を言ってはうるさがられるだけなのです。

思春期というむずかしい年ごろなのだし、このまま放っておいたほうがいいとは思うものの、その反面、息子がこのままだったら……。

そんな心配がもたげてきます。

時がたてばたつほど、ひょっとしたら、もうどうにもならなくなってしまうのではないだろうか……。

不安はつのるばかりなのです。

よくよく考えたのですが、わたしは母親として、できるだけのことをしたほうがいいのだという結論に達しました。

それからはいくらうるさがられようとも、息子の興味が少しでも女の子に向くようにと心がけました。

食事のときには、テレビで、アイドルの女の子が出演しているドラマや歌番組をできるだけ見るようにしました。

着ている衣装が派手でセクシーだとか、下着が見えそうなくらいにスカートが短いとか、そんな話題を意識的に息子にふってみたこともあります。

しかし息子は無頓着にただ相づちをうつだけでした。

夫にも相談しようと思うものの、

「お前の思い過ごしだ。放っておけばいいんだ」

と、一蹴されるのは目に見えています。

それならばと、水着やヌードが載っている週刊誌を買ってきて、わざと目立つような場所に置いてみたこともあります。

しかし、そんなことをしても、息子がそれを手に取って見たような気配はありませんでした。

実際に息子が男性アイドルを性的な対象としているかも調べてみました。

息子が学校へ行っているときに部屋へ入ってはゴミ箱などを探ってみたのです。

自慰をしているのならば、その証拠となるようなティッシュペーパーがどこかにあるはずだと、それをさがしました。

しかしそれらしいものは、何も出てくることはありません。

息子は十七歳にもなってオナニーすらしていないのかと、よけいに心配になってしまいました。

こうなると息子にしてやれることは、ただ一つしかないのではないか。

わたしは日に日にそう考えるようになっていったのです。いつしか、わたし自身をもって、息子に女性のことを、そのよさとすばらしさを教えるしかないのだと結論づけていました。

わたしはその日から、いつどんなタイミングでそうしたらいいのかを、あれこれと思案しました。

夫が家にいるような状況ではどうにもできません。わたしと息子だけの時間となると、息子が学校から帰ってきての数時間しかありません。

そんな短い時間で、はたして何ができるでしょうか。

わたしは毎日のように悩みに悩みつづけていました。一日でも早いほうがいいとは思うものの、どうにもならない状況です。

そんなある日、突然にチャンスがやってきたのです。

それは夫の出張でした。それも五日間という長いものだったのです。

わたしはそれにかこつけて、息子に一泊二日くらいでどこか旅行でも行かないかと誘うことにしました。

内情を知らない夫は、

「母と子の時間を作るのはとてもいいことじゃないか」

と、賛成してくれました。

息子はといいますと、最初のうちは二人だけで出かけることを渋っていたのですが、まる二日間ものあいだ、一人家に残されるのはいやだと思ったのか、結局わたしの提案に従ってくれたのです。

出かけたのは箱根《はこね》の温泉でした。

ただの温泉旅行ではありません。息子に女性に興味を持ってもらい、そのすばらしさを教える旅行なのです。

チャンスは一晩きりです。一泊二日の中でなんとかしなければならないのです。

宿に着くとすぐに温泉につかり夕食まではくつろいだ気分で過ごしました。

しかし九時ごろになって仲居さんが寝床の用意をしてくれると、わたしは次第に緊張してきました。

部屋にはわたしと息子用の二組の布団が並べられていました。この布団の中でわたしは身をもって息子に女を教えることになるのです。

緊張をほぐそうと、わたしは見たくもないテレビをつけっぱなしにしていました。

息子はヘッドフォンで音楽を聴いて退屈を紛らわせているようでした。

夜も十一時をまわったころ、わたしは息子に体をマッサージしてくれないかと頼みました。

息子は何も言うことなく、音楽を聴くのをやめると、ぶっきらぼうな感じで、うつ伏せに寝るわたしにマッサージをし始めました。

わたしは肩をもんでくれだの腰のほうも頼むだの、自然な感じで息子にマッサージをさせました。

足までもんでもらうと、今度はあおむけになり、もんでくれるように言いました。

息子はちょっと躊躇《ちゅうちょ》するような素振りを見せたものの、それ以上は気にすることなくわたしの言うとおりにしてくれました。

こんなことをしてもらうのは、わたしなりの考えがあってのことです。

「ああ、気持ちよかった。今度は母さんがしてあげるから」

そう言って、今度はわたしが息子の体をマッサージすることにしたのです。

「いいよ。そんなの」

「遠慮しなくていいから、早く横になりなさい」

息子はいやがったのですが、わたしは早く布団の上に寝ころぶように促《うなが》すと順繰りにマッサージを施しました。

怪しまれないように最初のうちは肩や腰を重点的にもみました。

そして足先からゆっくりと股間へ向けて手を動かしていくことにしたのです。

ももをもみながらいよいよ緊張している自分に気づきました。わたしの指先の、数センチ先には息子の男性器があるのです。

そこにふれてしまえば、どうにでもなるはずです。

わたしには、息子に男性本来の姿になってもらいたいという考えがあります。しかしそれとは裏腹に、母親であるわたしがそんなことをしてもほんとうにいいのだろうかという、後ろめたさのようなものもありました。

それに加えて、わたしのような四十歳を過ぎた身でも、十七歳の高校生という若い性を扱えるものだろうかという不安もあります。

わたしは息子のももに手を添えながら、若かりしころの性体験を、夫をはじめとするこれまで関係した男たちとのことを思い出していました。

そしてどうにか自信を取り戻すと、勢いよく息子の浴衣の中へ手を入れたのです。

「あっ、何するんだよ！」

息子が逃げるように身を翻《ひるがえ》しました。

「隆明《たかあき》っ、いいからジッとしてなさい！」

わたしは飛びかかるように下半身に抱きつきました。

ここで逃げられでもしたらおしまいです。もうこんなチャンスは二度と巡ってはこないでしょう。何がなんでも息子を男らしくさせなければならないのです。

わたしは下着をつかむと力任せに引っぱりました。

「おっ、ふざけんな。おかしくなったのかよ！」

「おかしいのは隆明のほうなのよ。いまのままじゃあダメなのよ」

隆明はわたしの体を引きずるように部屋の隅まで這《は》っていきました。わたしはそれでも抱きついた手を離すことはありませんでした。

脱げかかった下着からは息子の性器が見えていました。

ひょっとしたらマッサージの効果で勃起しているのではないかと思っていたのですが、そんなふうではありません。

縮こまった状態のままで揺れています。

「隆明っ！」

わたしは渾身《こんしん》の力を込めて隆明の体を引き寄せました。そして、そのまま性器に顔を埋《うず》めるようにしたのです。

「うはあ、あああっ」

途端に隆明のうめき声が聞こえました。

わたしは口に含んだものを夢中で刺激しました。舌で転がしてみたり、吸うようにしたりしました。

わたしの思いが通じたのかすぐに反応が現れ始めました。息子の男性の機能は十代ならではの元気なものだったのです。

「ああっ、うわわわう」

声はうめきというよりも、おびえるようなものだったのかもしれません。

初めて体験する性的な刺激が怖くなったのでしょう。いくら気持ちがいいものだといっても、いままで経験したことのないものなのですから。

息子の性器は、夫のものとなんら遜色《そんしょく》ないほどに見事にふくらみました。

わたしはそれがどんなものなのか見たくて、いったん口から離しました。

真っ赤な亀頭が脈打つようになっていました。添えた手に力を込めても跳ね返すほどの弾力があります。

やはり息子は立派な男の子だったのです。

わたしはその証《あかし》を目《ま》の当たりにしたことで、それはうれしい気持ちになりました。

息子は部屋の壁にもたれかかったまま、茫然《ぼうぜん》自失《じしつ》という感じでした。いったい自分の身に何が起こっているのか、理解しきれないでいるとでもいったらよいのでしょうか。

もう何もすることなく性器をふくらませたままでいるのです。

「母さんが隆明の目を覚ましてあげるからね。何も心配しなくっていいから、わたしのすることに従えばいいからね」

わたしはもう一度、息子の性器を口にしました。

女性が作り出す快感というものがどれくらいいいものなのか、すばらしいものなのかをなんとかして伝えたい思いでいっぱいでした。

「ううっ、あああっ。うわわうう」

息子はわたしが刺激するたびに、体をビクビクさせながらうめいていました。

気持ちよくはさせても、射精まではできるだけ長引かせなければならないと思いました。

そのほうがより女性のよさをわかってくれると思ったのです。

わたしは口に含んだまま、強く刺激を与えることなく、舌先で亀頭をなめるようにしていました。

夫だったら物足りないとブツブツいうところです。

しかし息子にはそんな感じはありません。ちょっとした刺激でもかなり感じてくれているようにわたしには見えました。

まさか息子がこれまで一度も自慰をしたことがないとは思わないものの、したことがないと言われても不思議ではありません。

こんなことなら、洗濯をするときに息子の下着を前々からよく見ておくようにするのだったと後悔しても、いまさらどうにもなりません。

息子が男性アイドルの音楽を聴きながら、あのポスターの微笑む顔に興奮しながら、自慰に及ぶ姿が浮かんでくるようです。

わたしは頂点へ導くことなく、かといって快感はしっかりと得られるようにと加減しながら、緩慢なやり方でしばらく舌を動かしつづけました。

口の中で息子の性器は飛び跳ねるようにビクッビクッと動いています。

快楽を感じ取っている証拠です。女が作り出す快楽にひたっているのです。

わたしは口での刺激をつづけながら、自分の浴衣に手をかけると帯をほどきました。

そしてブラジャーをはずし、ショーツを脱ぎました。

「さあ、隆明。お母さんがお前を男にしてあげるから。一人前の男に……」

わたしは急いでバッグの中の小物入れから避妊具を取り出すと息子の性器にかぶせました。

「これで準備は大丈夫だから、お母さんに入れてちょうだい……。何も心配することはないのよ」

わたしはそう言いながら、避妊具をつけたままの息子の性器をこするようにしました。

息子が浴衣とパンツを勢いよく脱ぎ捨てました。そしてわたしの体におおいかぶさってきたのです。

「わあああああああああっ！」

わたしは力任せに押し倒されました。

息子は一刻も早く頂点に達せずにはいられなかったに違いありません。わたしの足を広げ腰を押しつけてきました。

ついに息子を男にしてやれるのです。男性アイドルから解放させられるのです。

しかし、なかなか入ってはきません。わたしは自分で足を広げると、その部分を指し示すようにしました。

「ここ。隆明、ここへ入れるの」

息子の性器に手を添えると、彼は勢いよくわたしに向かって打ち込んできました。

「あっ、あああっ。隆明！」

「うおおおおおおっ！」

頭の中にあったアイドルたちの顔がバラバラに崩れていくようでした。あのよくわからない歌詞の音楽もすべて消えていくようでした。

息子の隆明がついに女であるわたしと、ことを成したのです。

それからの隆明は無我夢中で腰を打ちつけてくるばかりでした。

その激しさといったら、わたしはあそこが裂けておかしくなってしまうのではないかと思ったほどです。

「ううっ、うおおおっ」

「ああっ、ああっ。タカ、隆明」

緩慢な刺激がこれほど隆明の性的な欲望を高めていたとは思いませんでした。

なかなか射精できないことに業を煮やしていたのでしょう。わたしは少しでも早く射精させようと、息子にしがみつくと、自分でも腰を動かすようにしました。

「ううっ、うおっ、おおおっ！」

凄まじい荒々しさで息子は腰を動かしています。わたしは久しぶりの激しさに、かなり感じていました。しかしわたしが先に達してしまうわけにはいきません。そう考えて快感をかみ殺そうとしていると、息子にその瞬間が訪れました。

「ウオオオオッ、ウオーッ!!」

避妊具をつけていようとも息子の性器からものすごい勢いで精液が噴射したのがわかるようでした。

「オオッ、オオオオッ。ウウッ。ウウウウウッ……」

息子の体から力がいっぺんに抜けていくようです。グッタリとなってわたしの胸に顔を押しつけてきたのです。

頭をさわってみればかなりの汗をかいています。わたしは顔を上げて息子のことを眺めました。

乳房のうえにグッタリしているものの、真の男性になった息子がいるようでした。

隆明は初めてなのに驚くような荒々しいセックスを見せてくれたのです。四十歳過ぎの女である、わたしを感じさせてくれたのです。

「すっかり汗だくになっちゃったね。もう一度お風呂に入ろうか。大浴場じゃなくって部屋のお風呂にいっしょに入ろうよ」

そう言うと、息子はのそのそと体を持ち上げました。わたしは避妊具が抜け落ちないように手を添えました。

「母さんがはずしてあげるから、ジッとしてなさい」

わたしは徐々に縮こまってゆく息子の性器から避妊具をはずしました。

中にはかなりの量がたまっていました。息子の顔色をうかがうと、恥ずかしかったのかそそくさと浴室へ行ってしまいました。

いったいどれくらいの量が出たのか、ちゃんと知りたくって、それを手のひらにあけて見ました。

かなり濃い乳白色の液体が手に広がります。なまなましい香りがただよってくるようです。

そこには息子が女性とことをすませた明らかな証拠がありました。

わたしはなんだかうれしくなって、すぐに立ち上がると洗面所で手を洗い、息子の待つ浴室へと行きました。

息子は浴槽に湯を張りながらジッとしていました。

わたしは無言でその中へ体を入れました。息子と対座するようなかたちになったのです。

対座といっても浴槽は広くはありません。足を曲げても膝の部分がお互いに当たっているようです。

わたしはその姿勢のまま、息子の股間をのぞき込みました。

ちょうど湯が性器を隠すか隠さないかという感じでした。

わたしは無言のまま、そこへ手をやりました。

「ふっ」

息子もうめいたものの、何か言うでもありません。座ったままジッとしています。

性器は縮こまっているのですが、射精のせいでぬるぬるとしています。わたしはそれをいいことに指先で刺激してやりました。

「あおっ、ううっ」

みるみるうちに息子の性器は勢いを取り戻していました。

「ああ、すごいね。隆明はやっぱり若いね。もうこんなだもの」

ほめそやすように言葉をかけると、隆明が喜んだように見えました。心なしか少し笑ったような気がしたのです。

わたしはそのまま指先を動かしました。もう一度、息子がその気になってくれればと思い刺激しました。

「ああう」

「気持ちがいいの？」

問えば小さくうなずいています。

わたしは片方の手で息子の腕を取ると乳房をさわらせました。

息子はもの珍しいものにでもさわるように、乳房をもんでみたり、乳首のところを押してみたりしています。

「さっきは何がなんだかわからなくなっちゃったと思うけど、もう一度したい？」

そう言うと、今度は息子は大きくうなずいてくれたのです。

「じゃあ、このままお風呂でしちゃおうか」

わたしは息子に浴槽の中で立ち上がるように促しました。

再び口に含みます。今度は気をつかいながら緩慢に刺激をする必要はなさそうです。

わたしは根元の部分を指で握ると小刻みに前後させました。

そうしながら唇で軽く挟み、舌を伸ばして刺激しました。

「おおっ、あああっ」

息子はかなり感じてくれたようで、真っ直ぐに立っていられなかったのか腰を引き、前屈《まえかが》みになっていました。

わたしはこのまま射精させてしまうつもりでした。

セックスは床へ戻ってからあらためてすればいいと思ったのです。なんといっても避妊具をお風呂場まで用意はしていません。

「立ってられないのなら、へりに座りなさい。楽な姿勢でしてあげるから」

そう言うと、あらためて口での行為に没頭しました。

グイグイと指を前後させ、舌先の刺激をつづければ、息子は辛抱できないようでした。

「あっ、ああっ。で、出るっ……」

小さくそう言うと、口の中に勢いよく射精しました。

わたしはまたそれを手のひらに出して見ました。

「またたくさん出たよ。ちょっと休んでからお布団でまたしてあげてもいいから」

息子はグッタリしながらもうなずいていました。

こうしてわたしは、思いどおりに息子の隆明の興味をなんとか女性へと向けることができたのです。

旅行から帰る途中、わたしは息子と本屋に寄りました。

美少女アイドルの写真集を買ってやることにしたのです。

どの娘がいいのかはわからなかったので、三冊も買ったのですが、息子がこれを見ながら、自慰をしてくれればそれにこしたことはありません。

# 美少年に成長した甥に欲情し、お風呂に誘って——

上田早智子（仮名）会社員・三十七歳

私は五年前のことをいまでもはっきりと覚えております。祖母の法要でほんとうに久しぶりに、郷里に帰省したときのことです。

実家の玄関を開けるなり、部屋の奥から走り出てきて私を迎えてくれた当時十歳の少年に、私は目を奪われました。

「いらっしゃい、早智子《さちこ》叔母さんですね。お待ちしてました」

少年は私をそう迎えてくれました。

いったいこの利発な少年は誰だろうかと目を見張ったものです。すぐに長姉が出てきて、その少年は長姉の今日子《きょうこ》の息子であることを知らされました。

姉に子供が生まれたと聞いたときには、男だか女だか確かめもせずにただお祝いとして現金だけを贈ったのでした。

私たち家族の血筋というよりも、姉の良人《おっと》である小早川《こばやかわ》の血を引いたのか、少年はキリッとしていて、まるで五月人形のようなかわいらしさと凜々《りり》しさを兼ね備えていたことに驚いたものです。

私は二日間の滞在予定を五日に延ばし、久しぶりの実家で羽を伸ばしながらその姉の子、晃《あきら》ちゃんと仲よく楽しいときを過ごしました。

大学に就職にと、東京に出てきてからというもの、ほとんど実家に戻ることのなかった私ですが、それからというもの毎年帰省するようになりました。

それは私には甥にあたる晃ちゃんが、まるで自分の子供であるかのようにかわいくて、それはよくなついてくれたからです。

夏休みに帰省すれば自転車で川や山に晃ちゃんと出かけ、正月にはいっしょに雪だるまをつくったりと、私自身も童心に戻ったようにほんとうに楽しくて、都会の喧騒も慌ただしさもすべて払拭《ふっしょく》してしまえるような毎日を過ごすことができました。

そして晃ちゃんは会うたびに、それは目を見張るような美少年へと変わっていくのがよくわかりました。

しかし、ここまる一年というもの、仕事が忙しくて帰省はかないませんでした。そんなおり、晃ちゃんは高校生になったこともあり、東京《とうきょう》へ行ってみたいと夏休みのあいだ私のところへやってくることになったのです。私はなんとか仕事の都合をつけて、晃ちゃんの上京にあわせ一週間の休みを取ることにしました。

そして八月も中旬にさしかかるころ、晃ちゃんが私のところへやってきたのです。

私は東京駅まで出迎えると、その足で銀座《ぎんざ》のデパートへ晃ちゃんと買い物に出かけました。東京に来たから洋服でも買ってあげようと思ったのですが、晃ちゃんは映画を見たり、本屋さんへ行きたいということだったので、三時間ほど別々に行動しました。

それから夜は、夜景のよく見えるレストランで食事をしてと、私はまるでデートでもしているような気分にひたってしまいました。

およそ一年と二カ月ぶりに会った晃ちゃんは、いっそう凛々しさを増し、それに加えていくぶんか逞《たくま》しくなってきたようでした。

高校では文科系のクラブに所属しているとのことでしたが、体を動かしたりスポーツをしたりするのは好きなほうで、体育の時間や放課後友だちとサッカーや野球をしたりするのも大好きだと言っていました。これから一週間ほど、この晃ちゃんといっしょに過ごせるかと思うとほんとうに楽しみでなりませんでした。

「ちょっとくらいなら大丈夫よ。姉さんには黙っててあげるから――」

「じゃあ、こんなこと家じゃめったにないから……」

マンションへ戻ると、私は少しだけですが晃ちゃんにアルコールを勧めました。私が寝酒にして飲もうと買ってきたワインを見つけて、晃ちゃんが興味深げにラベルを眺めていたからです。それに私はこんなに利発な少年が、酔ったらどんなふうに変わるのだろうか、ひょっとして私のまったく知らない一面をも見せてくれるかもしれない、そんなふうに思ったのです。

しかし晃ちゃんはグラスいっぱいのワインを飲んでしまったのですが、顔は少し赤くなったものの態度はほとんど変わることはありませんでした。

「明日はお昼まで寝ててもいいからね。私もそうするつもりだし。お風呂に入って休みましょ。先に入ったら？」

「ぼくは今日のことをノートに書いておきたいから叔母さんが先に入ってください」

晃ちゃんはまだアルコールの抜けない顔でそう言いました。

「そうだ。ぼくはずっと『叔母さん』って呼んでるけど、『叔母さん』って呼ばれるとちょっと抵抗があるでしょ。だから明日からは『早智子さん』って呼ぶことにしてもいいですか？」

晃ちゃんは私に対してそんなことにも気をつかってくれました。三十七歳という年齢ながら、晃ちゃんからみたらそれほど年上の、いわゆる熟女のような『おばさん』には見えないのかしら、とうれしかったものです。

私がお風呂をすませて声をかけると、晃ちゃんはまだ何かやっていたようで、入浴したのはかれこれ深夜一時をまわっていたと思います。

翌朝、私はお昼まで寝ていると言ったものの、起きがけの寝ぼけた顔を見られるのがなんだか抵抗があって、八時にはベッドから出ました。

まだ晃ちゃんは寝ているだろうと思って、声をかけることもなくそのまま洗面所に行き、お風呂場をのぞくと、昨夜の状態でお湯を張ったままになっているかと思ったのですが、湯は抜かれバスタブはきれいになっていました。

そのときは、私が疲れているかと気をつかって掃除までしてくれたのか、そう勝手に思い込み感心したものです。

私は洗顔を終えると、晃ちゃんが起きてくればすぐに朝食が食べられるように準備だけすませ、新聞を読みながらコーヒーを飲んでいました。

十時になっても起きてくる気配がないので、昼まで寝てればと言ったものの、少し気にかかり晃ちゃんの寝ている部屋をそっとのぞきました。

ところが晃ちゃんは部屋にはいませんでした。私はもうびっくりしてしまい、部屋の中へあわてて飛び込むと、枕もとのところに書き置きがしてありました。

『ちょっと、近所を散歩してきます　晃』

私はホッとしたのも束の間、どこかで迷子になってやしないかと思い、また心配になり急いで外出できるように着替えました。

そして外へ出て行こうと玄関から飛び出したところ、晃ちゃんは帰ってきました。

私を見ると、

「心配させちゃいました。すみません早智子さん——」

そうはにかんだ顔で答える晃ちゃんを見るなり、私は玄関先で抱き寄せるようにしてしまいました。

心配のあまりそんなことをしてしまったのですが、私はすぐに何か気まずい思いをさせてしまったのではないかと考えました。

しかし晃ちゃんはいやがって私の腕をほどこうとする気配もなく、そのままになっています。それどころかこうして体を密着させているのがなんだかうれしいようにも、私には感じられました。

私は不思議にドキドキするような感情を抱くとともに、ひょっとしたら晃ちゃんの男性自身が変化していたならばどうしようかと、そんなこともひそかに思ってしまいました。

しかしそんなことを確かめられようはずはありません。晃ちゃんの頭は私の胸のところにあるのですが、下半身までも密着しているわけではないのです。

「お腹すいたでしょ。食べたら少し休んで、今日の予定を二人で考えようか」

私はそう優しい声で語りかけると、何事もなかったように部屋へ戻りました。

食事をしながら私は晃ちゃんから主に学校のことをいろいろと聞き出しました。ひょっとしたら好きな女の子のことやなんかも聞き出せるのではないかと思ったのですが、晃ちゃんは自分から多くを語ることはなく、私の期待どおりにはいきませんでした。

それでも映画が好きで、田舎には映画館はないもののテレビではよく洋画を見るのだと話してくれました。

「そう言えば昨日はどんな映画を見たの？」

そう昨日のことを聞いたのですが、映画の題名は話してくれたもののジャンルや内容についてはあまり話してくれず、なんでも主演している女優さんが好きだから見に行ったのだということでした。

その日は昼から出かけることはなく、マンションで過ごすことになりました。晃ちゃんはまた近所を散歩してくると言って出ていったきり、夕方近くまで帰ってきませんでした。

翌日からは二人して、今度は新宿《しんじゅく》や渋谷《しぶや》などへ出かけたり、またマンションでゆっくりと過ごしたりとそんな日々が過ぎていきました。

そして四日目のこと、私は晃ちゃんの秘密の部分を見つけてしまったのです。

その日、晃ちゃんは地下鉄を乗り継いで東京を一人歩きしてみたいと、朝から出かけてしまいました。

私は置いてきぼりを食ったように、少しやるせないものを感じていました。マンションに一人残されて、これといってやることもありません。

洗濯は自分でするからと晃ちゃんは自分のことはすべて自分でしてしまうし、

寝泊まりしている部屋も、こまめに掃除をしているしで、手持ち無沙汰でしょうがありませんでした。

それで、布団を干したり晃ちゃんでは掃除の行き届かないところを片づけておこうと思い、晃ちゃんの寝泊まりしている部屋へ入ったのです。

ベッドから掛け布団を取ろうとしたとき、ベッドの奥に置かれた晃ちゃんの旅行鞄を見つけました。

なんでこんなところにわざわざ置いたのだろうか。まるで見つからないように隠したのではないかと思える感じでした。

そして私はそのバッグの中身に興味を覚えてしまったのです。この中にはまじめでおとなしい晃ちゃんの、何か知られざるものが隠されているのではないか。そう思うと、私は急いで鞄の中を調べました。

着替えの衣類、その下には下着、そして勉強道具の一部、はたしてその教科書や参考書にまじって、いったいどこで手に入れたのか成人男性向けの雑誌類が何冊も入っていました。引っぱり出して見れば、それはかなりきわどいというのか、刺激の強すぎるものばかりでした。

見つけたときは、テレビで見るタレントのものかと思ったのですが、中身は大きく股を開いた女性の写真ばかり、時には縛られた写真もあったりとかなり過激な内容です。

映画のパンフレットも入っていました。先日見た映画のものなんでしょうが、中を見て内容を確かめると、かなり性描写の多い作品だったことがわかりました。

さらに私がショックを受けるものが隠されていました。それは昨日入浴時に洗濯カゴに入れたはずの私の下着でした。

どうやら晃ちゃんの散歩の目的というのは、本屋さんをまわってはそういった類いの雑誌を買うことだったようです。

私はどうすることもできず、私が鞄の中を見たという痕跡《こんせき》が残らないように気をつけて元のとおりにしました。

夜になって晃ちゃんが帰ってくると、できるだけこれまでどおりに接することを心がけました。しかし、その凜々しい眼差しの向こうは私に性的な興味を抱いているようにしか思えません。

それでもなんとか私は取りつくろいましたが、その夜からなかなか寝つけなくなってしまいました。晃ちゃんが私のことを始終、性的な対象として観察している。そんな強迫観念に捉《とら》われたのです。浴室で衣服を脱げばドアのすき間から晃ちゃんがのぞいている。トイレで用を足せばその音に聞き耳を立てている。そんなことが実際に起こっているように思えてならなかったのです。

そして深夜、なにげなくベッドから起きると、廊下に人の気配を感じました。私は寝汗をかいていたこともあって、もう一度シャワーを浴びようと浴室へ行きました。

扉を開けると、なんだか生臭い匂いがどこかに残っているような気がしてなりません。

それは精液の匂いのようでした。私はお湯が抜かれてカラになった浴槽を見ながら、晃ちゃんは私が入浴した湯の中で、ひょっとしてオナニーをしたのではないだろうか。私が浸かった湯の中で、興奮して毎日オナニーにふけっていたのではないだろうか、そう思えてしかたありませんでした。

ひょっとして私の脱いだ下着の匂いをかいだりしながら、興奮のうちに果てたのではないだろうか。そんなことばかり考えるようになる始末です。

私はバスタブの中で立ったままシャワーを浴びながら、この中でどんなふうにして晃ちゃんはオナニーをしたのだろう、私の下着の匂いをかぐ以外にも、はいたり、それともそれで局部を刺激したのではないだろうかと、破廉恥な想像をしてしまいました。しかしゾクゾクするような感覚を体の芯から味わってもいました。

そしてほてってくる自身をいさめるようにして勢いよくシャワーを浴びつづけました。このまま私自身が興奮してオナニーをしたいばかりでしたが、なんとか我慢したのです。

翌日からもふだんどおりの接し方を心がけました。しかし少し距離を置いて晃ちゃんを見ると、どうしても下半身に視線が行ってしまうようになりました。

今度はテーブルに向かい合って座ると、その顔を見ては、あの凜々しい目で私の体を見つめてほしい、何か食べるときにチラチラとのぞいて見えるきれいな舌先で私の感じる部分を愛撫してほしいと思うようになりました。

もとはと言えば、出会ったときからひょっとしたらこの先何年後かに……、という期待を抱いていたのは確かです。だから実の親でもないのに帰省したときにはいっしょに遊んだり、時にはいっしょに入浴までしたのかもしれません。

そしていよいよ晃ちゃんが郷里に帰る前の日になりました。私はここ二、三日どこかよそよそしくなっている関係をなんとかしなくてはと考えていました。

それに中途半端に満たされないままこの夏が終わってしまうということに、どこかしら結婚もしないまま三十代も半ばを過ぎてしまった女としての特異な感情というものに危惧すら感じていました。

そして私は思いきって次のように言ったのです。

「今日は最後の夜だから、いっしょにお風呂に入ろうか」

多少冗談めかして言ったつもりでしたが、もしも断わられたらどう取りつくろおうかと、私の鼓動はとても速く波打っていました。

しかし晃ちゃんの答えは意外なものでした。

「ぼくも入りたいって思ってたんです。昔入ったみたいに。体を洗ってもらったよね。すごくよく覚えてる。今日はぼくが早智子さんの体を洗ってあげるから」

晃ちゃんは何年か前の私が施したことをはっきりと覚えていたのです。

「あのとき、ぼくって確か洗われて、あそこを大きくしちゃったね」

そのことは私もはっきりと覚えていました。ひょっとすると、そうならないかと思ってしたことでもあるのだし。

「また早智子さんの手で大きくしてくれるとうれしいな。あのときは少しこそばゆかったけど気持ちよかった。でももうぼくも大人の体になってきているから、もっと気持ちよくなれると思うんだけど」

私は少しあっけに取られて晃ちゃんの言うことを聞いていました。はっきりとは言ってないものの、まるでオナニーの手伝いを、私にさわられて快感を得たいと告白しているようなものです。

「それにぼくも昔と違って女性の体のことを勉強したから、いろんなことをしてあげられると思うし……」

過激な雑誌を見た影響でしょうか、晃ちゃんはそんなことも言いだしました。私を見据えながらキリッとした目つきでそんなことを言う晃ちゃんに私はゾクゾクしてきました。

「じゃあ、お風呂場じゃなくってもいいからここで脱いじゃおうか」

思いきって私がそう言うと、晃ちゃんはこくりとうなずいて着ているものを脱ぎ始めました。そしてすでに硬直した股間のものが私に向かって飛び出しました。大人のものと比べれば大きさはいま一つですが、それは立派に私に向かいそびえるように硬くなっていました。

私はそれを見てどうにも我慢できなくなり、手でふれました。そして晃ちゃんの顔をしっかりと見つめながら言いました。

「これから起こることは晃ちゃんと私だけの永遠の秘密にしておける?」

晃ちゃんは気持ちよかったのか、少し顔をゆがめながらはっきりとうなずいてくれました。

「私のも見たい？」

「うん、見たい。おっぱいもあそこも、早智子さんのすべてが見たい」

私はその場で、十五歳の甥の目にはっきりと見つめられて、着ているものをすべて脱ぎました。ボタンをはずすときなど手が震えてしまいすぐにはできませんでした。

そしてブラジャーを取り、パンティを足から抜きました。晃ちゃんの突き上がったペニスは私の裸に刺激されたのか、ビクリと動いたようにも見えました。

晃ちゃんは目をらんらんと輝かせて私の体を見つめています。私はその目に臆《おく》することなく言いました。

「あそこも見たいんでしょ？」

「うん、見せて。椅子に座って足を開いて、よく見えるようにして」

言われなくてもそうするつもりでした。私は椅子に浅く腰をおろすと、ゆっくりと足を広げました。

「もっと近くで見ていい？」

「いいわよ。じっくりと見てちょうだい」

秘部の奥までしっかり見えるようにと、片足を持ち上げ膝を抱えました。

すぐに晃ちゃんの頭が私の秘部に吸い寄せられるように近くまで来ました。股間から二十センチも離れていないところで、晃ちゃんが目をこらして、私の恥ずかしい部分を見ているのです。

私は高鳴る鼓動を抑え、指先をその部分へ添えると、ゆっくりと中を割りました。

「わぁっ」

そんな驚きのような声が聞こえました。いよいよ晃ちゃんはその部分にくぎづけになっています。

きっとこの甥の少年はこのマンションに来た日から私のことをのぞいていたに違いない。入浴のときもトイレのときも、どこかで目をこらしていたに違いない。そう思えば思うほど、そしていまこの股間をぱっくりと開いて甥の少年に見せつけているということをあらためて理解すると、もっともっと過激で、羞恥《しゅうち》的なことにひたってみたくなりました。

「女の人のおトイレするところにも興味あるでしょ」

私は晃ちゃんの自尊心を傷つけないようにとタイミングを見計らってそう言いました。「トイレをのぞいたでしょう?」とはけっして聞きませんでした。

するとは晃ちゃんは股間のあいだからスッと顔を持ち上げて、はっきりと、

「うん、見たい!」

そう大きな声で言いました。

そして二人してお風呂場へ行きました。私は、「隠れてここでオナニーしていたんでしょ?」と聞きたかったのですが、それも晃ちゃんのことを考えてやめました。

「早くするとこ見せてよ」

そうせかす晃ちゃんを前に、どんな格好で見せたらいいのかと迷いました。できるだけ私も、その恥ずかしい刺激を味わいたかったのです。

そこで私はお風呂場の床に腰をおろすと、両方の膝を抱きかかえました。そしてそのままころりと寝転んだのです。

晃ちゃんにはもうお尻の穴まですべて丸見えになっているはずです。初めは性器の形状に目をこらしていたようですが、すぐに、

「もう出るの? 出るんでしょ出るんでしょ? 早くして、早くして見せて」

晃ちゃんはまるで遊園地でアトラクションを前にはしゃぐ子供のようでした。間近に見ようと膝の間に頭を入れてくるのです。

「か、かかっちゃうかもよ……」

私はその恥ずかしさに打ちのめされながら、なんとか声をしぼり出しました。

「大丈夫だから、早くして！」

私はいきなり飛び出さないようにと、加減しながらそろそろと出し始めました。

「あっ出てきた、早智子さんのおしっこ！」

その声に私は力を込めていた下半身の筋肉から緊張を解かざるをえませんでした。

「あああああっ、すごく出てきた。湯気が立ってる！」

興奮したのです。尿の放物線は私の股間から晃ちゃんめがけて高く昇りました。このままじゃ顔にかかってしまう。私は床に寝転んだまままそう思いました。しかしいったん放出を始めてしまったものはもうどうすることもできません。そのまま放水は一定の高さに弧を描き延々と出つづけました。

「ぜんぶ出し終わったね。ぼくが流してあげるね」

最後まで出切ったのを確かめるなり、晃ちゃんは手桶に湯を汲《く》みました。そして小水にまみれた私の局部にちゃぷちゃぷと湯に浸した手をなでつけるようにして洗ってくれたのです。

かなりの愛蜜が溢《あふ》れていたはずです。しかし小水が流してくれたのか晃ちゃんが気づいたような気配はありませんでした。

ある程度、きれいにすると今度はシャワーを取って晃ちゃんは局部に向かって放水してくれました。バシャバシャとあたるシャワーの流れはとても気持ちのいいものでした。

「それじゃあ、晃ちゃんのを洗ってあげようかな」

私がそう言うと晃ちゃんは畏《かしこ》まったようにして、

「お願いします」

と、椅子に腰をおろしました。

股間からは先ほどからずっと勃起したままのペニスが突き出しています。私は指先にまんべんなく石鹸を泡立てると、そのままペニスにふれました。

「どう気持ちいいでしょ？」

「あっ、はいっ……あっ」

晃ちゃんの顔をのぞき込みながら、ゆっくりとていねいに私は泡でぬめる指先でペニスの上から下までまんべんなく、愛撫を繰り返しました。

「先っぽのところは、指じゃあ刺激が強すぎるからもっと優しく気持ちよくしてあげるからね」

私はそう言うと屈《かが》み込んで晃ちゃんの股間に頭を埋《うず》めました。

「あっ、早智子さんっ！　ああああっ」

痛くならないように、刺激が強すぎないようにと、私は気を配りながら、まだほとんど皮をかぶったままに近い晃ちゃんのペニスをゆっくりとゆっくりと、舌先で皮を剝《む》きおろすような感じで愛撫を繰り返しました。

「あああっ、出ちゃうよ。口の中に噴き出ちゃう！」

「大丈夫よ。ぜんぶ出してもいいわ。出しても少しすれば元どおりになるでしょ。夜は長いから最後までさせてあげるから、ゆっくりと愉しみましょ。明日帰りの電車の中で寝ていけばいいんだし――」

私はそう言うと、口の中に若さみなぎる甥の精液を受け止めてみたくて、舌を動かしつづけました。

「あっ、ああっ、はあああっ！」

晃ちゃんのうめく声が少しずつ大きくなってきました。それにつれて体もビクリビクリと大きく動いています。

「あああっ、もうダメッ！」

晃ちゃんはそんな雄たけびにも似た声をあげると、わたしの口の中に向かって、それは勢いよく精液を噴出しました。

隠れてオナニーをしていたせいか、量はそれほどではありません。しかし口の中に残ったネバネバした感じや臭いが、育ち盛りの少年であることを充分に物語っていました。

「口でするとこんなにも気持ちいいんだね。知らなかった……」

晃ちゃんは射精したばかりなのにらんらんとした目でそう言うと、私の股間を指差してきました。

「さっきみたいな格好になって。ぼくも早智子さんに舌と口でやってみたい」

私には一瞬躊躇《ちゅうちょ》したものがありました。それはこんな少年の施しでも乱れてしまうのではないかと思えたからです。

しかし断わることなどできません。それは望んでいたことでもあるのです。

「じゃあ、してちょうだい。あせらずにゆっくりとね」

それだけ言うと、私はさっき放尿を見せたときのように、膝を抱えて寝転がりました。

「女の人のってこんなに複雑な形になってるんだね。すごいね」

「そんなこと言って、誰かのを見たことがあるの？」

女性器をすでに見たことがあるようなことを言うので私はそうなのかと尋ねました。

「だっていっしょにお風呂に入ったことあるでしょ」

晃ちゃんはどうやら私の体を、あちこち克明に観察していたのだということをそのときになって初めて知らされました。

「前からだけだと毛が邪魔で見えないでしょ。でも早智子さんが体洗っているときに股の間からちょっとだけ見てたんだよ」

そんなことを言いながら晃ちゃんは局部にふれ、陰唇を左右に割ってみたりと、もうこれ以上にないくらいにいろいろと試していました。

「女の人のいちばん感じる部分は知ってるの？」

私は局部をのぞき込まれながら思わずそう尋ねました。

「それを教えてほしかったんだ。クリトリスって名前は知ってるけど」

「どこか教えてあげるから、そこを晃ちゃんの舌でそっと、なめて……」

私は指を添えると少しだけ露《あらわ》になったものをすべて剝き出すようにして、晃ちゃんに示しました。

そしてそこに小さくかわいらしい舌先が添えられると、思わずビクリと体を反応させてしまいました。

それがおもしろかったのか、晃ちゃんはなんども なんども、舌先でクリトリスを刺激してくれました。私はそのたびに体を反応させては小さくうめいていました。

「早智子さんがとっても気持ちよくなるところを見てたら、ほらもう元に戻ってきたよ！」

晃ちゃんはそう言うと、誇らしげに股間を突き出して見せました。

言うとおり、晃ちゃんのペニスは立派に勃起しています。

「中に入れてみたい？」

晃ちゃんはゆっくりとうなずきました。

「入れるところはわかる？　わかれば指を先に入れてみて」

晃ちゃんは指先を、亀裂に沿って這《は》わせてきました。そしてずぶずぶとめり込む箇所を見つけたのです。

「ここだ。すごくぬるぬるしてる。もっと奥まで入れてもいいの?」

今度は私がうなずく番でした。私は口には出さないものの、

(奥までしっかり入れて。晃ちゃんの指もおち○ちんも)

と、心の中で唱えていました。

指の挿入を幾度も繰り返し、その感触と場所をはっきりと把握したのか、晃ちゃんの体がついに私におおいかぶさってきました。

「ここ? ここだよね」

「そ、そうよ。奥まで入れたら、ゆっくり出して、それでまた入れて。なれてきたらどんどん激しくしていいから……」

「ああっ、すっごくいいね。ぬるぬるしてるねっ、早智子さんのここ——」

晃ちゃんの律動が始まりました。

初めてのことで、数回腰を動かしただけで射精してしまうのではないかと思っていたのですが、そうではありませんでした。

ゆっくりとした律動は次第に速くなり、そして激しくなっていきました。

それはとても初めてとは思えないほどでした。童貞だったなんてウソのようです。利発で勉強家の姉の息子は、本や雑誌やひょっとするとDVDやなんかで詳

しくセックスのことを学んでいたのかもしれません。

そして私も、より気持ちよくなろう、この美少年の甥をもっと気持ちよくしてあげようと、自分も腰を使いました。

「あっ、早智子さん、そんなふうにしたらだめっ。気持ちよすぎてもう出ちゃう！」

「そんなこと言わずに、もう少しこらえて、もっと腰を動かしてえっ！」

いっそのこと、上下入れ替わって、騎乗位のような姿勢で晃ちゃんを導いてあげようとも考えたのですが、それは思いとどまりました。いかに年下といえども彼は男性です。その初めての体験を、さも私が主導権を握ったようにしてしまうのは憚《はばか》られたのです。

「いいの？　いいの？　気持ちいいの早智子さん？」

「ああっ、晃ちゃん、とっても素敵よ。いつ出してもいいのよ！」

私は晃ちゃんの腰の動きに併せるように受け身の態勢を取りました。

そして晃ちゃんは、

「ああああああっ……早智子さんっ！」

私の名前を大きな声で叫びながら、私の中で果ててくれたのです。

ぐったりとなって私の胸の中に倒れた晃ちゃんを抱きしめながら、また遊びに来るように言うと、晃ちゃんは冬休みになったら必ず来ると約束してくれました。

いまは東京で仕事に精を出しながらそのときが待ち遠しくてならない日々がつづいています。

◎本書は、
『素人投稿スペシャル　相姦白書』
『素人投稿スペシャル　相姦白書２』
『素人投稿スペシャル　相姦白書３』
（以上マドンナメイト文庫）に収録された作品からセレクトし、再編集したものです。

＊いずれも、本文庫収録にあたり、表現その他に修正を施しました。

二見文庫

# 禁断《きんだん》の告白《こくはく》


編者　素人投稿編集部《しろうととうこうへんしゅうぶ》

発行所　株式会社 二見書房
東京都千代田区三崎町2-18-11
電話 03(3515)2311 [営業]
03(3515)2313 [編集]
振替 00170-4-2639

印刷　株式会社 堀内印刷所
製本　合資会社 村上製本所




Printed in Japan.
ISBN978-4-576-12116-1
http://www.futami.co.jp/